De Derde Rol Van Metatrón

Chanóch

Andere werken van I.L.Schneerson:

Alle Mensen Joden

Alle Joden Priesters

Nieuwe Laarzen Voor De Leeuw

De Eerste Rol Van Metatron: Jehoedá

De Tweede Rol Van Metatron: Toevíe-Jah

Rabbi Kameleon (Engels)

De Derde Rol Van Metatrón
Chanóch

Issachar Levi Schneerson

Stichting Mabas
2015

Copyright © 2015 door I. Tal van Kekem

Niets uit deze uitgave mag worden verveelvoudigd, opgenomen in een geautomatiseerd gegevensbestand, of openbaar gemaakt, in enige vorm of op enige wijze, zonder voorafgaande schriftelijke toestemming van de uitgever.

Herziene editie

ISBN 978-90-79656-24-0

Stichting Mabas – Uitgeverij Rooierebbe.nl
H. Roland-Holststraat 36
4207JX Gorinchem

Email: stichting@mabas.nl

www.schneerson.estate, www.mabas.nl

Opdracht

Aan mijn vrouw, mijn zoon en mijn dochter:
ik dank jullie.
Zonder jullie verdraagzaamheid en geduld
had ik dit boek niet kunnen schrijven.

De God van Israël dank ik voor Zijn ongeremde liefde,
waarmee Hij mij elke dag weer zegent.

Contents

Proloog – דבר פתיח 13
Ik zal spreken 15
De zon zal eeuwig schijnen 17
Van de dood 19
Van de rouw 21
Van de troost 23
Masjíeach 25
In de stad Jeruzalem 27
Hoe het de wereld is vergaan 33
En het geschiedde in die dagen 35
De laatste dagen van Jeruzalem 39
36 Engelen verkondigden 43
De geheime ziel van de Masjíeach 53
Ik ben een Jood 55
De waarschuwing van Chanóch 57
Mijn kinderen 63
In Jeruzalem 65
Zegen Mij... 67
Jehoedá zal het leger oprichten 69
Adám maakt het aanvalsplan 71
Jehosjóea zal het opperbevel voeren 73

Rabbi Isráel zal zorgen 75
Rabbi Okév-Jah zal orde scheppen 77
Rabbi Sjaltièl zal de troepen leiden 79
Rabbi El'azár zal als eerste slaan 81
Rabbi Náchman zal waken 83
De Leta'áh zal verspieden 85
Amós zal spreken 87
God zal Zich tonen 91
Boogschutter 93
Rabbi Mosjé ben Sjemtov zal verplegen 95
De zwaarden zullen klieven 97
Har Megiddó 103
Waarom moesten al die mensen dood? 107
De Eerste Dagen van Jeruzalem 109
De Tempel zal herrijzen 111
De Verlosser zal regeren 119
Zij spreekt 129
De Vereniging 135
Appendix 143

אֲנִי מַאֲמִין בֶּאֱמוּנָה שְׁלֵמָה בְּבִיאַת הַמָּשִׁיחַ
וְאַף עַל פִּי שֶׁיִּתְמַהְמֵהַּ
עִם כָּל זֶה אֲחַכֶּה לּוֹ בְּכָל יוֹם שֶׁיָּבוֹא

Aníe ma'amíen be-emoená sjelemá be-vieát ha-masjíeach
ve-af-al-pie sjeh jitmaheméha
iem kol zeh achaké loo be-chól jom sjeh javóó!

Ik geloof met volmaakt geloof dat de Masjíeach zal komen
en ook al draalt hij
toch wacht ik elke dag op zijn komst!

Proloog – דבר פתיח

Hij wandelde met de Schepper op de Aarde
en verbleef met de engelen in de Hemelen.
Pilaren van blinkend wit marmer werden pilaren van nevel,
pilaren van licht en hoger nog. Zij droegen het hemeldak.
Hier volgen de daden van Metatrón. Hier wordt beschreven
hoe het Oordeel werd voltrokken nog voor het geschiedde.
Ben jij bereid?
Zwaard,
om te verwoesten ben je gesmeed,
om te slachten ben je geslepen,
welnu dan:
        bliksemen zul je, zwaard!

Ik zal spreken

Het zijn de laagste mensen die nu regeren.
Het zijn de minste mensen die nu de meerderheid zijn.
Zij weten niet, zij denken niet, zij leren niet:
zij zoeken slechts bevrediging en zij voelen alleen zichzelf.
Hedonisme en autisme!
Zij hebben geen geestelijke kwaliteiten, geen spirituele diepten. Zij hebben geen geweten: geen berouw en geen hoop. Hun geluk ligt enkel in hun bevrediging en is even vluchtig. Hun jacht is meedogenloos en verslavend. Zij zijn alleen maar Aarde en hun vonnis is uitgesproken in de Hemel. En zij die hun zaad vermengen, nee, aanlengen, met het zaad der volkeren…wij vergeven hen niet, ook al waren zij niet slecht maar zwak.

"Luister, Hemelen!", riep de Enige tot Zijn Prinsen, "Luister Hemelen, en Ik zal spreken en de Aarde zal Mijn woorden horen!"

Wie nú niet Hem aanbidt, zal nímmer nog aanbidden!

De zon zal eeuwig schijnen

In een ver verleden kwam een jonge Jood aangelopen bij de woning van Reb Sjim'ón. De bescheiden leraar zat op een krukje voor zijn huis en genoot van de zon. "Mag ik u een vraag stellen, Meester?", vroeg de jonge Jood beleefd. Reb Sjim'ón zette grote ogen op: "Het is een grote mitswe de leraren vragen te stellen: hoe zouden zij anders leren?"
"Meester, onlangs las ik voor het eerst de Torá en het klopte niet. God schiep op de eerste dag licht. Maar op de vierde dag schiep Hij pas de zon, de maan en de sterren. Welk licht schiep Hij dan op de eerste dag? Een ander soort licht?"
Reb Sjim'ón knikte: "Een redelijke vraag, jonge vriend, maar gebaseerd op een onjuiste veronderstelling: alsof de Torá bij lezing logisch in elkaar zou moeten steken. De Torá vertelt een verhaal dat de menselijke logica ontstijgt. Op meerdere punten is de Torá niet chronologisch correct maar maakt dat iets uit? Immers, wie de Torá beschouwt aan de hand van de menselijke logica, aan de hand van het menselijk bevattingsvermogen, zal haar verwerpen.
Dit gezegd hebbende... De Zóhar beschrijft de aanvang van het scheppingsproces als het ontstaan van een lichtpuntje waaruit zich uiteindelijk de hele schepping ontvouwt. De Zóhar is natuurlijk slechts het werk van een middeleeuwse fantast, maar de goedgelovigen die haar bestuderen hebben veel nagedacht over de aard van dat lichtpuntje. Hun conclusie was dat wij dat 'licht' moeten zien als de scheppingsenergie. Waarom vertel ik dit terwijl ik de Zóhar minacht? Omdat voor wie de Torá èn de Zóhar bestudeert er dus niet twee 'lichtmomenten' waren, maar drie... waarom zou je het gemakkelijk doen als het ook moeilijk kan?
In het Toráverhaal was er duisternis en toen schiep God het licht. Daarna scheidde Hij het licht van de duisternis. Je had evengoed kunnen vragen: "Als de duisternis er al was en God apart het licht schiep, wat viel er dan te scheiden?" Het antwoord hierop is dat de Hebreeuwse tekst niet spreekt van 'scheiden' maar van '**onder**scheiden': God ZAG eerst duisternis en toen licht. Bij al wat wij ons afvragen bij het lezen van vertaalde teksten uit TaNáCH, moeten wij ons afvragen of de vertaling wel nauwkeurig is.
God onderscheidde dus licht en duisternis nog vóór Hij het licht had beperkt tot één bron en nog vóór Hij die bron een vaste plaats in het heelal

had gegeven. Dus: toen het licht nog alomtegenwoordig was en er geen schaduw bestond! Dit wil zeggen dat God zich de oerduisternis herinnerde en de duisternis die wij nu kennen **voor**zag. Om een afwisseling van licht en duisternis te scheppen, opdat Zijn schepselen zouden kunnen rusten, beperkte Hij de bron van het licht tot één hemellichaam, de zon, en gaf die een vaste plaats in het heelal zodat het licht niet meer alomtegenwoordig zou zijn, maar in een bepaalde richting zou stromen. De Aarde deed Hij draaien om haar as, zodat elke plek dán verlicht en dán verduisterd zou zijn.
Nu terug naar de menselijke logica: dag en nacht bestaan niet werkelijk. De zon brandt onophoudelijk en er is dus altijd licht. Wat wij nacht noemen is niet meer dan ons verblijf in de schaduw van de Aarde en wat wij dag noemen is ons verblijf in het zonlicht. Wie bracht de duisternis terug in de schepping? De onmetelijke God, toen Hij bepaalde dat vaste stoffen door het licht niet doordrongen kunnen worden: toen Hij schaduw veroorzaakte. En wie noemde de schaduw 'nacht' en het licht 'dag'? De kleine mens, die op Aarde leeft en daardoor gebonden is aan haar omwentelingen.
Het antwoord op je vraag is dus:
Op de eerste dag schiep God het licht alomgevend en op de vierde dag beperkte Hij het."

Van de dood

De dwaasheid van de mens eindigt pas in zijn dood. De dwaasheid van de mens... zullen wij daar nog eens van spreken? Wat bedrukt dat weekzinnige schepsel het meest van al? Het meest bedrukt hem dat hij sterven zal. Lichtzinnigheid, uw naam is 'mens', immers: beklemmend aan het menszijn is niet de sterfelijkheid van het menselijk lichaam in de cirkelgang van de vergankelijkheid, maar de onherroepelijkheid van de menselijke daden: wanneer een mens een ander heeft gekwetst, kan hij niet teruggaan om die persoon te ontkwetsen! Zelfs ik Chanoch, ondergeschikt slechts aan de Enige, kan niet terug reizen in de tijd om af te breken wat al is opgericht.

Nu is gebleken dat de Torá en de wijsheid van de leraren niet genoeg zijn om de leemten in hoofden en harten op te vullen, rest ons slechts verlossing. Waarom is de dood een verlossing? Waarvan is de dood een verlossing? Voor wie het leven een bij voorbaat verloren strijd is, is de dood verlossing. Op de dag van zijn dood zal het hem toelijken alsof hij slechts één dag leefde. De dood verlost de mens uit zijn falen. Is het slotmoment nu eindelijk aangebroken, tel dan al je goede giften op. Is hun som kleiner dan de som van je bezittingen? Je zult verdorsten op de lange weg naar de Hemelen. Geef nu nog, in dit laatste ogenblik, de helft van je vermogen aan goede doelen opdat je niet zult versmachten op het Pad. Jazeker, de Grote Vergadering te Oesja verbood het ons per keer meer dan eenvijfde van ons bezit weg te geven, maar dat was om te voorkomen dat wij **bij leven** tot armoede zouden vervallen: het Pad is lang en wij moeten voldoende proviand meedragen. Hij die schenkt aan goede doelen is alsof hij de rivier die het Hof van Èdden verlaat terug doet stromen: hij bevloeit het paradijs! Liefdadigheid en rechtvaardigheid stuurt hij naar alle uithoeken der Aarde. Gezegend is hij, die op zijn sterfbed zijn handen aan de Eeuwige kan tonen en zeggen kan: "U weet het, God van Israèl: met deze tien vingers heb ik onvermoeibaar in de Torá gewerkt en nooit heb ik gezocht naar werelds voordeel, zelfs niet alleen maar met een pink. Moge het Uw wil zijn, vriend van Avrahám en deelgenoot van Sjlómo, dat ik in vrede zal rusten." Rabbi Elíe-ézzer had niets meer te vrezen, maar zijn spijt was groot: "De beste Leraren had ik tot mijn beschikking, maar ik leerde als een hond die likt aan het water in de zee. Vele lessen heb ik gegeven, maar ik bevatte niet meer dan een fijn penseel dat was gedoopt in een vat vol verf."

In de goede mens is de vrees voor God even hevig als de vrees voor zijn medemens. De goede mens vreest de blik van God evenzeer als de blik van zijn naaste en nooit ofte nimmer zal hij zondigen in een ogenschijnlijk verborgen plaats: zuiver zal hij voor de Troon geraken, glorieus gekleed in al de mitswót die hij heeft gehouden. Op de dag van zijn dood zal het hem toelijken alsof hij eeuwig leefde.

Tot nu toe was het zo dat buiten de grenzen van ons land de gedoemden werden opgehaald door de Engel des Doods, terwijl binnen de grenzen van ons land zij werden ingezameld door de Engel van Genade. Vanaf deze dag zal enkel nog de Engel des Doods verschijnen en besef toch, dat die zich nooit laat vermurwen: niemand krijgt uitstel om zijn laatste zaken nog te regelen. De rechtvaardigen vragen niet om uitstel, integendeel: zij wachten alle dagen op hun gelegenheid het paradijs te betreden. Echter toen de Engel des Doods kwam voor rabbi Hiejah weigerde deze zijn Torástudie te onderbreken. De Engel des Doods kon hem zo niet nemen. Hij vermomde zich als bedelaar en klopte bij rabbi Hiejah aan en smeekte om wat brood. Toen onderbrak rabbi Hiejah zijn studie wel en hij gaf de arme brood. De Engel vroeg hem toen: "Wanneer ik als bedelaar bij je kom, toon je mededogen, maar waarom toonde je geen enkel mededogen toen ik tot je kwam als Boodschapper van God?!" Rabbi Hiejah gaf toen zijn ziel op zonder verder verzet. "Het was goed", schreef rabbi Meïr, "het was heel goed, namelijk: de Dood." De Dood is goed, omdat hij de mens meeneemt naar een zondenvrije wereld, waarin de mens niet langer hoeft te strijden tegen zijn neiging tot het kwaad. Ja, de Dood is goed... Het lastige omhulsel valt af en de kern van de mens is vrij om op te gaan in het licht van het Hemelse bestaan. De mens die op Aarde 'rechtvaardige' wordt genoemd, is niet volmaakt. De unieke, volmaakte mens kan niet sterven en wordt nog bij zijn leven door de Eeuwige naar de Hemelen gevoerd. Mij mocht dit overkomen en ook aan mijn broeder Elie-Jáhoe is het gedaan.

De wijze wordt een grijsaard en zuchtend leert hij door. Zijn dochters vragen hem toch eens even te rusten: "Doe een dutje, vader!", maar de wijze wijst dat af: "Dichtbij al zijn de dagen waarin ik voorgoed zal rusten, maar nu moet ik zoveel mogelijk leren nog."

Van de rouw

Is rouw niet ook berouw? Heeft de mens bij het overlijden van zijn dierbaren geen spijt van alle kansen die hij miste bij hen? Weent hij uitsluitend om het einde aan al het goede dat geweest is of weent hij tevens om al het goede dat had kunnen zijn, als hij alleen maar...? Rouw en spijt zijn broer en zus.

Rouwen kan de mens niet in stilte: eruit moeten alle emoties, in tranen en gejammer. Wie wil troosten, mag niet zeggen 'Stil maar': juist de trooster moet zwijgen. Wie in rouw is, zal in de synagoge niet de bruid toegezongen horen. Wie in rouw is, zal op straat niet toegezwaaid worden. Wie in rouw is, zal de Almachtige prijzen: kaddíesj!

Een geleerde droomde dat hij langs een desolate plek liep en plots een ziel tegenkwam die zwaar beladen was met sprokkelhout. "Waarheen?", vroeg de geleerde. De ziel antwoordde hijgend: "Omdat ik een gruwelijk misdrijf heb begaan, moet ik brandhout dragen naar de hel." De geleerde was vol mededogen en hij vroeg, of hij iets kon doen om de gedoemde ziel te helpen. "Welzeker", sprak de ziel verheugd, "In mijn oude woonplaats X leeft nog mijn zoon. Als hij er toe gebracht kan worden om naar de sjoel te gaan... als hij bereid is daar een loflied op God voor te dragen... dan zal mijn zonde vergeven worden..." De geleerde werd wakker en haastte zich naar X en zocht en vond de zoon. De zoon was bereid te doen om zijn vader te verlossen, maar hij kende de taal van de synagoge niet. De geleerde leerde hem daarom een lofzang met een paar woorden in het heilige Hebreeuws en de rest in de spreektaal Aramees. Zo werd de arme ziel verlost van zijn zware last en kon hij opgaan naar de Hemelen, en zo ontstond het kaddíesjgebed voor de rouwenden.

Aan de kade van de haven is nooit blijdschap om het uitvaren van een schip, maar als een schip binnenvaart juichen allen. Juich dan ook om de geliefde die aanlegt in de Hemelen.

Diep bedroefd zijn wij als een mens in de kracht van zijn leven door de Engel weggehaald wordt, en dieper nog wanneer een kind sterven moet. In een zomer was er een rabbijn die zijn leerlingen lesgaf in de schaduw van een grote vijgenboom. Elke morgen kwam de eigenaar van de boom en liep storend tussen hen heen en weer om de bijna rijpe vijgen te plukken. Voortdurend verontschuldigde hij zich weliswaar, maar elke ochtend kwam hij terug. Omdat zij dachten dat de eigenaar vreesde dat zij van zijn vijgen zouden eten, gingen de rabbi en zijn leerlingen ergens anders zitten. De eigenaar van de vijgenboom schrok van hun vertrek en drong er bij hen op aan, dat zij zouden terugkeren naar zijn boom. Om hun lessen niet te verstoren, besloot hij de volgende ochtend niet te plukken. Tegen het eind van de middag begonnen de vijgen die 's morgens al bijna rijp waren, tussen de leerlingen te vallen. Ze waren bedorven door de hitte van de dag, half verrot al en niet meer eetbaar. Toen begrepen de rabbi en de leerlingen waarom de eigenaar elke ochtend zo storend tussen hen door was gelopen. De rabbi zei: "De eigenaar weet het best wanneer zijn vruchten geplukt moeten worden, nog voor ze bederven. Zo ook weet de Alwetende, wanneer Hij nog onbedorven zielen moet terughalen."

Van de troost

Rabbi Meïr gaf zijn sjabbesles in de synagoge en thuis overleden plots zijn beide zonen. Rabbi Meïr bemerkte dat zij niet in de synagoge waren en toen hij thuiskwam, vroeg hij naar hen, maar zijn vrouw zei hem eerst havdalá te maken. Daarna diende zij hem de maaltijd op en toen vroeg ze: "Jaren geleden gaf een vriend mij twee kostbare juwelen in bewaring, maar nu wil hij ze plotseling terug: moet ik ze aan hem teruggeven?" Rabbi Meïr knikte beslist: "Natuurlijk moet je dat: zij behoren hem toe!" Zijn vrouw nam hem bij de hand en leidde hem naar de bedden van zijn zonen. Rabbi Meïr zette zich op de vloer en begon bitter te wenen. Zijn vrouw zette zich bij hem en trok zijn hoofd tegen haar borst. Zij zei: "Zij waren ons in bewaring gegeven en nu heeft hun Eigenaar hen teruggenomen..."

Masjíeach

De Masjíeach is het leven.
De Masjíeach is de Gezalfde.
De Masjíeach is de Verlossende Koning.
De Masjíeach is een mens van vlees en bloed.
Hij zal heersen over de mensheid en hij zal alle volkeren verenigen. De Masjíeach is een afstammeling van de grootste koning van het Joodse volk: Davíed, de zoon van Jisjái, de vader van Sjlomó.
Wie van alle Joden in deze generatie zal de Masjíeach zijn? Davíed leefde drie millennia geleden – zijn nu niet alle Joden kinderen van kinderen van Davíed? Van elke Jood kan dus blijken dat hij de Langverwachte is. In dit besef dient dan ook elke Jood zijn medejoden te aanschouwen.

De Masjíeach zal bewerkstelligen dat er een oneindig tijdperk zal aanbreken van vrede en voorspoed voor zowel de levenden als de doden. De mensheid zal eindelijk de Schepper als Koning aanvaarden en zich in volmaakte overtuiging aan hem onderwerpen, en dan zal de grens tussen leven en dood vervagen. Dan zullen doden met levenden verkeren en levenden met doden, en niemand zal nog verdriet kennen.
Rabbi Jochanán heeft gezegd, dat de afstammeling van Davíed zal opstaan óf in een generatie die volmaakt rechtvaardig is óf in een generatie die door en door boosaardig is. Rabbi Jochanán vergiste zich: het is niet van de mens afhankelijk wanneer de Verlossing zal aanbreken. De Altijdaanwezige die alles weet, zal spreken wanneer het tijd is.
Dan zullen alle boosaardigen sterven, de zwakken zullen tot inkeer komen en de goeden zullen hen onderwijzen. Dan zal de hele mensheid alle dagen Torá bestuderen en de wijsheid van de Schepper verwerven. Zij zullen de Heilige gezegend is Hij kennen zoals Hij zichzelf kent en zij zullen Zijn nabijheid voortdurend voelen. Geest en lichaam zullen niet langer strijden. Het Gehienóm zal doven, want niet langer nog zullen zielen gezuiverd moeten worden; grafpijnen zullen niet langer gevoeld worden, want geen mens zal nog sterven. En zo zal ook wedergeboorte van de ziel niet meer plaatsvinden, immers: het doel daarvan was het verheffen van de ziel in elk leven tot tenslotte spirituele volmaaktheid was bereikt? Na de Verlossing zullen alle zielen volmaaktheid verwerven, zowel de zielen van

de levenden als de zielen van de doden. De zielen zullen gelijk worden en samengaan. En in de verre toekomst zullen, met de hulp van de Heilige, de zielen weer opgaan in hun Maker.

In de stad Jeruzalem

In de stad Jeruzalem was het zaad voor de Verlossing al gestrooid. De jonge geleerde Sjlómo Toevíe-Jah ben Sjaltièl ha-Kohén verbond zich met de kuise jonge vrouw Dvórah bat Jedíed-Jáh. De God van Israèl schonk hen in Zijn barmhartigheid vier kinderen: de eerstgeboren zoon Chájiem Toevíe-Jah, de dochter Leá Rachéél, de zoon El-chanán Akíeva, en de kleinste dochter die zij Chája-Saráh noemden, omdat zij was geboren op Chai be-chesjván – de achttiende dag van de maand Chesjván, toen in sjoel en thuis de weekafdeling Chajé-Saráh (het leven van Saráh) bestudeerd werd.

Saráh ieménoe – onze moeder - leefde honderdenzevenentwintig jaren en toen stierf zij. Avrahám kocht daarop van de Chittíet Efrón, die zat in de poort van Chevrón, het veld tegenover Mamré, met de bomen en de dubbele grot Machpelá. In de voorste grot begroef Avrahám zijn geliefde vrouw, de moeder van Jitschák, die de vader was van Ja'akòv-Isráel, die de stamvader van alle kinderen Israèl's werd. Zo leerden de Joden toen Chája-Saráh geboren werd en de gelukkige Sjlómo beweerde dat, zo vast en zeker en voor eeuwig als Avrahám avíenoe – onze vader – op die dag als eerste Jood grond had gekocht in het Beloofde Land, zo vast en zeker zou Chája-Saráh de moeder worden van een groot nageslacht dat tot in de eeuwigheid in het Land van Israèl zou wonen. De vermoeide Dvórah glimlachte zacht, maar daarna beet ze op haar onderlip en bekeek ze peinzend het gezichtje van haar baby. Chájiem kon op driejarige leeftijd de gebeden lezen. Leá kon op zesjarige leeftijd zelfstandig de sjabbestafel dekken en toen El-chanán negen was kon hij prachtig zingen. Toen Chája-Saráh drie werd, had ze de liefste glimlach in heel Jeruzalem en wilde ze alle uren van de dag knuffelen. Ze kon toen al een beetje praten. Chájiem kon op tienjarige leeftijd foutloos laajenen: hij had het zichzelf geleerd. Elke sjabbesmiddag leerde hij met zijn vader Talmóed en dan stelde hij de vragen die zijn leraren gedurende de week niet hadden weten te beantwoorden. Toen El-chanán dertien jaar was, zong hij in de sjoel het Kol Nidré en allen die het hoorden, bezworen zijn ouders dat zij op Grote Verzoendag nog niet eerder zo diep waren geraakt. Leá trouwde toen ze zestien jaar was. Toen Chája-Saráh negentien was, kon ze lezen en schrijven en herinnerde zij zich elke zin die zij ooit had gelezen. Ze kon ook wassen en uitstekend strijken en vouwen en ze kon zelfstandig koken, maar om haar kwam de sjadchen niet. Ook al was ze het liefste meisje binnen de poorten van de stad, er was niemand die haar wilde huwen. Vrouwelijke vaardigheden, een subliem karakter en een legendarische afkomst telden niet voor een jongeman die eenmaal in haar nabijheid was geweest: zij zou geen man begeren en geen man zou het aandurven haar te beminnen. Chája-Saráh was de zuiverste mens op Aarde. Zij kon niet liegen, zij kon niet manipuleren, zij begreep geen verhullende beeldspraak want alles vatte zij letterlijk op. Een 'gouden appel' was voor haar geen sinaasappel. Goed was wit en slecht was zwart en grijs bestond niet. Toen een verre tante eens op bezoek kwam en haar wilde kussen, vluchtte zij weg terwijl ze uitriep: "U stinkt vreselijk uit uw mond!" Haar moeder liep haar na en riep haar tot de orde: "Zoiets mag je nooit meer zeggen!" Maar het was toch de waarheid? "Zoiets mag je nooit meer zeggen want dat kwetst mensen." De waarheid kan toch niet kwetsen?! Tante weet toch zelf ook wel dat ze stinkt?! Ze legde alleen maar uit waarom ze wegliep: dat was toch netjes?! "Chajele, natuurlijk weet tante dat haar mond stinkt, maar door dat er zo maar uit te flappen, breng je haar in verlegenheid en dat mag een Joods meisje toch nooit doen? Er staat toch in de Torá 'al talbíen et pnee chaveerchá be-rabbíem'?! Je gaat nu in tante's oor fluisteren dat je je excuses aanbiedt. Goed, Chajele?" Chajá knikte gehoorzaam. "Maar, iemele", zei ze nog gauw met speels opgeheven vingertje, "dat staat niet in de Torá, hoor! In Va-jiekrá 19:17 staat 'lo tissá alááv cheet – je zult je aan hem niet bezondigen' en het was Rásjie hoor, die dat uitlegde als 'je zult je naaste niet in verlegenheid brengen'!"

Met de God van Israèl had Chája-Saráh vanaf haar jongste jaren een intieme relatie. Elke avond na het vaste gebed sprak ze tot Hem met deze woorden: "Lieve God, ik wil graag dichtbij je zijn, maar ik weet niet waar jij bent en dus kan ik niet naar je toe komen. Daarom moet jij maar naar mij komen, want als jij mij niet zoekt, zullen wij elkaar nooit vinden... Ik ben hier, God van mijn voorouders en mijn God: ik ben altijd hier." Niet één man wenste haar te trouwen, maar iedereen hield van haar, omdat zij goed en eerlijk was, en liefdevol voor iedereen. De zieken vroeg zij naar hun kwalen, de weduwen naar hun verdriet, de boze pubers naar hun frustraties en de ouders naar hun wanhoop. Voor iedereen had zij een opbeurend woord uit de TaNáCH, want zij kende de Heilige Boeken uit haar hoofd en zij herkende in al wat zij zag het daar beschrevene. Haar bijbelheld was niet een van de leiders Mosjé en Jehosjóea, noch de strijdbare profeet Amós, maar de ellendige Ijóv, die tot in de diepste tegenslag bleef vertrouwen op de God van Israèl. Ook Chája-Saráh zou haar vertrouwen in de genade van de Almachtige nooit verliezen, dat was duidelijk voor iedereen en dát was de reden dat velen haar beschouwden als een heilige en haar benaderden met ontzag en graag enige afstand bewaarden. Tot zij achttien jaar werd, ging zij nog dagelijks naar haar speciale school net buiten de Oude Stad, en toen die school de deur voor haar sloot, reisde ze elke middag tot aan de Jaffopoort en liep ze vandaar naar het plein voor de Westelijke Muur van de Tempelberg. Waar zij liep, gingen anderen voorzichtig opzij: zij werd nooit aangestoten en hoefde zelfs nooit uit te wijken. Geen plek was voor haar ooit te druk of te benauwd, want rondom haar was altijd ruimte. Haar tred was gericht en gelijkmatig, want zij wist waarheen zij wilde en zij wist hoe zij daar zou komen.

Onder bij de Muur kromp de wereld voor haar ineen: daar was zij alleen met de door Elohíem bewaarde bouwblokken rond Zijn berg Moríe-Jah. Zij hoorde en zag dan niemand en bad zonder siddóer het hele middaggebed. Elke zin was een wereld die voor haar open ging en weer dicht: een wereld vol kleur en geluid en vol oude tijden en profeten en de Tempel en God. Daar in haar gebed hóórde zij.

Chája-Saráh zette zich aan de tafel bij haar vader en haar broer Chájiem en vroeg: "Abbele, waarom offeren wij niet aan God, baróech sjmo? In de Tempel kan het niet maar we kunnen toch gewoon ergens anders offeren?"
Sjlomo vroeg met een verbaasde glimlach: "Hoe kom je daar zo op, Chajele?"
"Ik hou van God en ik wil Hem graag iets geven. Iets dat Hij lekker vindt ruiken!" Chájiem opende wijd zijn ogen en zei vol bewondering: "Dat is heel mooi van je, zusje!" Abba Sjlomo legde het boek waaruit hij Chájiem onderwees terzijde en vertelde:
"Rabbi Jisjma'él heeft ooit gesteld dat het Beet Ha-Mikdásj – de Tempel – geheiligd was voor de tijd waarin het werd gebouwd en voor alle nog komende tijden. Zo staat het geschreven in de Misjná. In de Gemorá volgt een analyse van zijn woorden: als we zijn uitspraak aanvaarden

kunnen we ook nu nog, nu er geen Tempel meer staat, het eerstgeboren dier slachten op Moríe-Jah en het ook eten. Maar als hij gezegd had, dat de heiligheid van het Beet Ha- Mikdásj alleen voor die tijd was, dan mochten we nu op de berg Moríe-Jah niet slachten, maar wel op andere plaatsen. Rásjie vindt ook dat het zo is, maar in de Bávlie staat in de Tosafót op Megielá 10A, dat rabbénoe Chájiem had gesteld, dat zelfs als de heiligheid van de Tempel slechts gold zolang het gebouw er stond, dan nog mogen wij nu niet op andere plaatsen offeren. Deze mening wekt verwondering, want toen het heiligdom in Sjieló was vernietigd werden altaren op andere plaatsen toegestaan, dus waarom niet na de vernietiging van het heiligdom in Jeruzalem? In Minchát Chinóech 254:7 vinden wij de uitleg dat, ook al heeft de berg Moríe-Jah zijn heiligheid verloren voor wat betreft brandoffers enzovoorts, Jeruzalem toch de Uitverkoren Stad en de toekomstige locatie voor de Derde Tempel blijft. Dat is het verschil tussen Sjieló en Jeroesjalájiem: Sjielo was niet de Uitverkoren Stad en het altaar daar kon vervangen worden door altaren in alle plaatsen, maar het altaar in de Uitverkoren Stad kan niet vervangen worden! En dat, mijn kinderen, is ook waarom wij Joden de berg Moríe-Jah als heilig blijven bejegenen, ook al staat de Tempel er nu tijdelijk niet. Moge de Masjíeach spoedig komen en moge de Derde Tempel dan gebouwd worden: spoedig, nog in onze dagen!" Chájiem en Chája-Saráh glimlachten en vielen hun vader bij: "Améén ve améén! Moge de Eeuwige uw woorden verhoren!"

Sjlomo pakte zijn boek weer op maar Chája-Saráh gaf te kennen dat zij nog een vraag had. "Nee, zusje", protesteerde Chájiem, "abba en ik zijn bezig..." Sjlomo maande zijn zoon tot rust: "Sstt... Je kunt ook leren van de vragen van een ander, jongen. Stel je vraag, meisje, en doe ons denken."

"Abba, ik heb de siedrá van volgende week gelezen (Be-midbar 13.1 - 15.41). Wat mij toch steeds weer opvalt, is dat de Eeuwige altijd heel streng is. ... Dan heb je toch het gevoel dat Hij wraakzuchtig is en dat is óns verboden. En ook is Hij vaak heel wreed. Dat klopt toch niet? Wij moeten in ons doen en laten toch onze God imiteren? Moeten wij dan ook wreed en wraakzuchtig zijn?"

Chájiem schudde ongeduldig zijn hoofd om zo'n gekke vraag en Sjlomo deed geschrokken: "God verhoede!! Natuurlijk mogen wij niet wreed en wraakzuchtig zijn! Luister en je zult begrijpen: Wij kijken in onze tijd anders tegen zaken aan dan onze voorouders 2500 jaar geleden. Juist dankzij de Torá hebben wij een Joodse filosofie van rechtvaardigheid en liefde ontwikkeld, die het ons nu moeilijk maakt de Torá nog langer zonder voorbehoud te aanvaarden. Een cynicus zou zeggen: de Torá heeft de Torá onmogelijk gemaakt. Wij moeten de Torá en onze ethische ontwikkeling als één samenhangend geheel beschouwen. De Torá laat zien uit welke situatie en mentaliteit ons volk is voortgekomen en reikt de gereedschappen aan om ons daarboven steeds hoger te verheffen. De weerzin en afschuw die wij voelen bij het lezen van bepaalde passages beëindigen niet onze relatie met de Torá, maar zijn daarvan een logisch onderdeel: zij zijn zo voorbestemd."

Chájiem voegde daar aan toe: "Onze afschuw van oude praktijken toont dus aan dat de Eeuwige door middel van de Torá langzamerhand Zijn doel bereikt!"

"Achéén", antwoordde Sjlomo tevreden, "inderdaad: door in elke generatie de Torá opnieuw te bestuderen met de leermeesters van de voorgaande generatie, bereikt elke generatie een hoger spiritueel niveau dan de voorgaande." Chája-Saráh leunde achterover en beet op haar onderlip. Ze keek bezorgd naar vader en haar broer en vroeg: "Maar worden Chájiem en ik dan betere Joden dan u, abbele? Dat zou ik zielig vinden voor u..." Chájiem grinnikte zachtjes, maar Sjlomo antwoordde serieus: "Dat is niet zielig want dat is nu juist de taak van iedere ouder: zijn kinderen zo opvoeden dat zij wijzer en hoogstaander worden dan hijzelf!" Chájiem verbeterde met een knipoog: "...dat zijn kinderen NOG wijzer en hoogstaander worden dan hijzelf..." en Sjlomo schoot in de lach.

Hoe het de wereld is vergaan

Zij die in de Hemelen wonen, weten wat daar is bepaald.
Zij weten dat de hemelse lichten niet van pad zullen veranderen, dat elk van hen op zijn tijd zal opkomen en ondergaan, zonder de geboden die zij mochten ontvangen ooit te overtreden. Zij aanschouwen de Aarde en zien al wat daar gebeurd is en gebeuren zal, van het begin tot aan het einde.
Zij zien dat elk werk van God ongewijzigd is in de periode van zijn bestaan.
Zij zien zomer en winter, onderkennen dat de Aarde vol water is en dat de wolk, de dauw en de regen het water verversen.
Zij aanschouwen en overpeinzen elke boom, hoe hij verdort en hoe elk blad valt, behalve van de veertien bomen die niet door de seizoenen worden beheerst en pas na drie winters hun bladeren vervangen.
Keer op keer overpeinzen zij de dagen van de zomer, waarin de zon vanaf het begin boven het land staat: hoe men zoekt naar een beschutte en schaduwrijke plek, vanwege de zon; hoe de Aarde wordt verschroeid door niet aflatende hitte en hoe het onmogelijk wordt te wandelen op de grond en op de rotsen.
Zij overpeinzen de gang van de bomen: hoe zij groene bladeren en bloemen voortbrengen en hoe zij vruchtdragen. Zij doorgronden alles en zij beseffen dat Hij die voor altijd leeft al deze dingen veroorzaakt voor jou, mens. Dat de werken aan het begin van elk jaar... dat al Zijn werken van Hem afhankelijk zijn en onveranderlijk: zoals God heeft ingesteld, zo zal alles geschieden.
De bewoners van de Hemelen zien ook hoe de rivieren, de zee en de wolken in harmonie hun aparte taken uitvoeren, maar jij, mens, draagt je lot niet geduldig en ook vervul je de geboden van de Eeuwige niet. Nee, jij overtreedt en breekt en jij besmeurt Zijn grootheid, en de woorden in je vervuilde mond zijn kwaadwillend tegen Zijn majesteit. Je hart is verdord en je zult geen vrede kennen! Je zult je dagen vervloeken en je jaren zullen eindigen en dan zul je eeuwigdurend worden verdoemd en je zult geen genade verwerven. In die dagen zul je buigen voor de onlust van de rechtvaardigen. De uitverkorenen zullen licht, vreugde en vrede bezitten, en zij zullen de Aarde erven, maar jij, onheilige, zult vervloekt en verdoemd zijn.

De uitverkorenen zullen de Wijsheid krijgen en zij zullen leven zonder ooit de misstappen van ongeloof of trots te begaan: zij zullen nederig zijn en voorzichtig en nauwgezet. Zij zullen niet sterven in lijden en onwaardigheid, maar al hun dagen leven, en zij zullen in vrede oud worden, en hun jaren zullen verveelvuldigd worden en gevuld met geluk, voor eeuwig, voor de hele duur van hun bestaan.

En het geschiedde in die dagen

De zonen van de mens hadden zich vermenigvuldigd in die dagen en er werden hen dochters geboren die elegant en beeldschoon waren. De zonen van de Hemelen zagen die dochters en raakten verliefd op hen en zij zeiden tegen elkaar: "Kom, laat ons vrouwen kiezen uit het nageslacht van de mens en laat ons kinderen verwekken!" Daarop zei hun leider Samjazá: "Ik vrees dat jullie misschien niet in staat zullen zijn deze missie te volbrengen en dan zal ik alleen gestraft worden voor deze gruweldaad..." Maar de zonen van de Hemelen zeiden tegen hem: "Wij zweren je en leggen onderling de eed af, dat we standvastig zullen zijn en heel deze onderneming zullen volbrengen." Zij waren tweehonderd in aantal toen zij neerdaalden op Ardis, de top van de berg Chermón. En daarom is het dat die berg 'Chermón' wordt genoemd: omdat zij daar hun verfoeilijke eed aflegden – chèrrem. Zij waren tweehonderd in aantal en hun prefecten waren met hen.

Zij namen daarop elk een vrouw naar keuze, die zij benaderden en met wie zij zich verenigden, en zij onderwezen hen tovenarij, spreuken en het splitsen van wortels en bomen. En de vrouwen baarden de Wakers Anakíem – reuzen - en de reuzen brachten de Nefielíem voort en de Nefielíem brachten de Elie'óed voort. De Anakíem waren wel driehonderd ellen lang en zij verslonden al het voedsel dat de mens verbouwde, tot het onmogelijk werd hen te voeden. Daarop keerden zij zich tegen de mens, om die te verslinden, en zij verslonden de vogels en de dieren en verlustigden zich aan hun bloed. Maar mens en dier waren niet talrijk genoeg voor hen en daarom wierpen zij zich op elkaar...

De Waker Azaziël leerde de mens wapens te smeden en schilden, spiegels en sieraden te maken. En hij leerde de mens zich op te maken en stoffen te verven, kostbare stenen te slijpen en te polijsten, en zo veranderde hij het gezicht van de wereld. Ledigheid en ijdelheid verspreidden zich en de ongelovigheid nam toe en ook de zedeloosheid, en de mens verlaagde zich in al dat hij deed. Amazarák onderwees de heksen en de splijters van wortels, Armérs onderwees het doen van wonderen, Barkajál leidde sterrenkijkers en wichelaars op. Veel mensen werden gedood toen de wereld werd verziekt en teloor zou gaan en zij schreeuwden om hulp en hun stemmen bereikten de Hemelen.

De aartsengelen Michaèl, Gavrièl, Soeriàl en Oerièl keken neer vanuit de Hemelen en zagen hoeveel bloed er vloeide op Aarde en hoeveel slechtheid er werd bedreven en zij zeiden: "Het is de Aarde die beroofd wordt van haar kinderen die daar roept. Tot Hem roepen de zielen van de mensen, en zij beklagen zich bij Hem en smeken Hem gerechtigheid te brengen van de Allerhoogste." Daarop vervoegden zij zich bij hun Koning, de Heer der heren, de God der goden, de Koning der koningen, en spraken: "De troon van uw glorie zal eeuwig staan en uw naam zal voor eeuwig worden geheiligd en verheven. U hebt geschapen al dat is en alles is in uw hand en alles is zichtbaar voor U en niets kan voor uw blik verborgen worden. U hebt dus gezien wat Azaziël heeft misdreven op Aarde: hoe hij alle vormen van onrechtvaardigheid heeft onderwezen en hoe hij alle geheimen uit de Hemelen heeft geopenbaard. De schepping is ontheiligd en verkracht door toedoen van de Wakers. De zielen van de doden weeklagen voor de Hemelpoort. En U weet alles nog voor het geschiedt. U weet wat er is misdaan, maar U spreekt niet tot ons. Wat moeten wij doen aan hen die zoveel hebben misdreven?"

Na lange tijd sprak toen de Allerhoogste, de Heilige gezegend is Hij, en hij stuurde Oerièl naar de zoon van Lámech, om aan te kondigen dat de Eeuwige de Aarde schoon zou wassen van alle ongerechtigheden en dat hij zich moest redden in een ark.

En de Allerhoogste sprak tot Rafaèl en zei: "Bind Azaziël aan handen en voeten en werp hem in duisternis. Open de woestijn in Doedaèl en werp hem omlaag en bedelf hem onder stenen die gebarsten en puntig zijn opdat hij door duisternis zal zijn omgeven. Daar zal hij voor altijd blijven en bedek zorgvuldig zijn gelaat, opdat hij nooit nog licht zal zien. En op de grote Dag des Oordeels zal hij in het vuur geworpen worden. Genees de Aarde die door de engelen verziekt is en roep leven over haar af, zodat Ik haar kan wekken.

De kinderen van de mens zullen niet sterven als gevolg van de geheimen waarmee de Wakers vernietigden, en die zij aan hun nageslacht hebben onderwezen. De hele wereld is besmet door de lessen van Azaziël: schrijf daarom de hele misdaad aan hem toe."

En de Allerhoogste sprak tot Gavrièl en zei: "Ga naar de bastaarden, naar de onreinen, naar de kinderen van overspel, en vernietig hen, de nazaten van de Wakers, en haal hen uit het midden van de mensheid. Breng hen bijeen en zet hen tegen elkaar op: laat ze sterven door onderlinge slachting, want lengte der dagen mogen zij niet genieten. Zij zullen je smeken, want zij bouwden op eeuwig leven, dat ieder van hen zeker vijfhonderd jaren zou bestaan."

En de Allerhoogste sprak tot Michaël en zei: "Ga en stel Samjazá op de hoogte van Azaziël's misdaad, en vertel het ook aan zijn gezelschap: aan allen die zich verontreinigd hebben aan de vrouwen der Aarde. En wanneer hun zonen afgeslacht zijn, wanneer zij de teloorgang van hun geliefden hebben gezien, bind hen en werp hen voor zeventig generaties onder de Aarde, tot de Dag des Oordeels en vertering, tot het oordeel, waarvan de gevolgen eeuwig zullen standhouden, zal zijn volbracht. Neem hen dan weg en breng hen in het hart van het vuur, in het hart van de marteling, en daar zullen zij opgesloten blijven voor altijd. Hij, Samjazá, hun vorst, zal met hen branden en lijden.

Vernietig nu alle zielen die verslaafd zijn aan lust en ook het nageslacht van de Wakers, want zij hebben bruut en wreed geheerst over de mensheid. Doe elke onderdrukker sterven en verdwijnen van de oppervlakte der Aarde en vernietig elk voortbrengsel van kwade arbeid. Doe de plant van rechtgeaardheid en integriteit ontspruiten en zegeningen verspreiden. De mens zal zich verheugen in zijn rechtgeaardheid.

Zij die dán nog leven zullen de Almachtige Sjaddái prijzen en danken en zij zullen leven tot zij duizend kinderen hebben voortgebracht en al hun sjabbatót zullen vredig zijn. De wereld zal vervuld zijn van rechtgeaardheid en rechtvaardigheid en de Aarde zal volledig beplant zijn met bomen van verrukking. De mens zal wijngaarden aanplanten en elke wijnrank zal dronken maken, en elke handvol olijven zal tien kruiken olie opleveren.

Kuis dan de Aarde van alle onderdrukking, van alle onrechtvaardigheid, van al het ongeloof, en van alle ongerechtigheden die er op zijn begaan. Ban al deze van de Aarde. Dan zullen alle kinderen van de mens voorgoed rechtgeaard zijn, zuiver en goed, en alle volkeren zullen Mij eer bewijzen en Mij prijzen en Mij aanbidden. De noodzaak van een oordeel zal zich nimmermeer voordoen, en Ik zal de schatkamers van de Hemelen ontsluiten en een oneindige stroom van zegeningen over de kinderen van de mens in gang brengen. Vrede en rust zullen de kinderen van de mens omgeven, alle dagen van de wereld, alle generaties."

En de Allerhoogste sprak tot Soeriàl en zei: "Wanneer dit alles zal zijn geschied, wandel dan op Aarde en zie er op toe dat geen mensenkind dit alles zal vergeten. Wees voor altijd Mijn wandelende getuige!"

De laatste dagen van Jeruzalem

Ontelbaar veel malen hebben mijn kinderen gezondigd tegen hun Vader. Hele volkeren hebben generatie na generatie in zonde geleefd: in bloed en in lijden. Maar nooit heeft de Altijdaanwezige Zijn kinderen losgelaten: in elk volk leefden altijd wel minstens tien onschuldigen en de Eeuwige heeft gezegd: "Om tien zal Ik niet verwoesten."

Chaja-Sarah was onrustig. Ze drentelde wat heen en weer door het huis en bekeek de foto's van haar grootouders en overgrootouders die aan de muur hingen: de enige versieringen in het appartement. Haar vader keek op van zijn boek en vroeg haar te gaan zitten. "Heb je geen borduurwerk meer?" Gewillig nam Chája haar borduurmand op en zette zich aan de eettafel. Terwijl haar vader vriendelijk toekeek, legde ze een donkere lap op tafel waarop vuur geborduurd leek. "Wat wordt dat?", vroeg vader Sjlomo verwonderd. Chája glimlachte bezorgd en antwoordde: "Acharíet ha-jamíem – de laatste der dagen... Dat vindt u toch niet erg, hè? Het kwam zo ineens bij me op." Sjlomo fronste en vroeg: "Ben je bang, Chajele? Jij hebt toch niks te vrezen? Je bent toch absoluut vrij van zonden?" Chája legde haar beide handen op tafel en keek zorgelijk haar vader aan. Ze zei: "Ik ben bang en verdrietig, abbele, maar ik weet niet waarom..." Dat was niets voor de immer opgewekte Chaja-Sarah. Religieuze Joden zoals zijzelf moeten juist blij zijn! "Is het misschien weer bijna die tijd van de maand?", vroeg Sjlomo voorzichtig. Chája schudde overtuigd haar hoofd: "Daar heb ik nooit last van, dat weet u toch wel?" Met een vermoeid gebaar haalde Chája haar schouders op: "Ik weet het niet, maar ik voel me gewaarschuwd voor naderend onheil..." Sjlomo leunde voorover en bood zijn dochter zijn handen. Zij legde de hare in de zijne en hij zei: "Misschien moet je boven die vlammen een Torárol borduren? De Torá is immers als een vuur dat ons verwarmt? Maar niet verteert?" Chája glimlachte lief en trok haar handen terug: "Dat is een leuk idee, abba." Ze koos garen en naald en nam haar doek op, maar na enkele minuten citeerde ze op achteloze toon:

בַּצַּר לְךָ וּמְצָאוּךָ כֹּל הַדְּבָרִים הָאֵלֶּה בְּאַחֲרִית הַיָּמִים
וְשַׁבְתָּ עַד יְהֹוָה אֱלֹהֶיךָ וְשָׁמַעְתָּ בְּקֹלוֹ

"*Wanneer deze slechte dingen je overkomen in de laatste der dagen, zul je terugkeren tot de Eeuwige en Hem gehoorzamen.*" Sjlomo keek weer op van zijn boek maar Chája borduurde aandachtig verder, en ze sprak door: "*En het zal geschieden, dat al deze dingen je overkomen: de zegening en de vervloeking, die Ik je geschonken heb. Dan zal de Eeuwige je inzamelen vanuit alle volkeren waarin Hij je had verspreid, van de uiteinden der Aarde waar de wateren van boven de wateren van beneden raken, zal Hij je terugbrengen. Dan zal Hij je terugleiden naar het Beloofde Land, het erfdeel van de vaderen, en je zult het erven en je zult er voorspoed genieten. Dan zal de Almachtige je hart besnijden alsook het hart van je nakomelingen, opdat je van de Altijdaanwezige zult houden met heel je hart en met alle kracht die in je bewaard ligt...*
Abba, dat klinkt helemaal niet eng, hè? Maar toch ben ik bang. Want dit gaat over de rechtvaardigen, maar hoe zal het de zondaren vergaan? Zei niet de profeet Amós (zijn nagedachtenis zij ons allen tot inspiratie):
O, zij die het recht in bitter kruid verkeren, en de gerechtigheid ter aarde nederwerpen! Hij, die Pleiaden en Orion heeft gemaakt; Hij, die donkerheid verkeert in ochtend, en die de dag tot nacht verduistert; Hij, die het water der zee heeft opgeroepen en uitgegoten over de oppervlakte der aarde, – Eeuwige is Zijn Naam! Hij, die verwoesting doet opflitsen over de sterkte, zodat verwoesting over de vesting komt. Zij haten in de poort wie opkomt voor het recht, en verafschuwen wie spreekt in oprechtheid. Daarom, omdat gij de geringe vertrapt en hem geschenken in koren afperst, – ook al hebt gij huizen van gehouwen steen gebouwd, gij zult er niet in wonen; ook al hebt gij kostelijke wijngaarden geplant, gij zult er de wijn niet van drinken. Want Ik weet, dat uw overtredingen vele zijn, en uw zonden talrijk, – gij die de rechtvaardige benauwt, die losgeld aanneemt, en die de armen in de poort terzijde dringt. Daarom zwijgt de verstandige in die tijd, want het is een boze tijd.
Moeten wij dan in stilte wachten op de laatste der dagen, abba sjellie? Hoeven wij de boosaardigen niet terecht te wijzen en de afvalligen niet terug te roepen? Dringt niet de tijd nu en is het niet onze plicht te proberen hen te redden van het eindoordeel?"

Sjlomo keek verbijsterd naar zijn dochter. Hij wist niet wat hij haar zeggen moest. Zij was daar heel onschuldig met haar borduurwerk in de weer, maar tegelijkertijd stelde zij een prangende vraag. De mensen meenden dat zij achterlijk was, maar misschien was zij juist voorlijk? Misschien was zij een mens zoals alle mensen na de komst van de Masjíeach zullen zijn? Misschien was haar aanwezigheid, met al die scherpe vragen, een aanwijzing dat de Verlossing naderde? Was zij een voorbode? Maar wat moest hij aan met haar vraag?!

"Natuurlijk is het onze plicht onze broeders en zusters voor misstappen te behoeden en hen te onderwijzen... Dat is altijd onze plicht geweest en dat zal het ook altijd blijven... Maar waarom spreek je over het heden alsof de wereld ten einde loopt?" Toen legde Chája haar borduurwerk zorgvuldig op tafel en keek haar vader aan. Ze hief haar beide handen op tot voor haar schouders en wees naar beide zijden. "Deze vrouwen doen mij dit voelen", zei ze en aan weerszijden van haar werden twee vrouwen in lange kleden zichtbaar: vrouwen die schenen te bestaan uit louter licht dat snel in felheid toenam en Sjlomo dwong zijn hoofd af te wenden en zijn ogen dicht te knijpen! Meteen doofde het licht en Sjlomo keek verontrust naar zijn dochter, maar de vrouwen waren weg en Chája nam juist haar borduurwerk weer op. Sjlomo duwde ruw zijn stoel naar achteren, sprong op en keek geschrokken de kamer rond. "Abbele, het is niets!", zei Chája sussend, "die vrouwen zijn altijd bij me. Als het druk is op straat banen zij mij een pad, als het regent houden zij hun handen boven mijn hoofd. Zij beschermen mij van jongsaf aan en zij brengen mij rust." Ze hield haar handen stil en vroeg zakelijk: "Wilt u een kopje thee, abba?" Sjlomo knipperde met zijn ogen. "Praten die vrouwen tegen je?", vroeg hij. Zijn stem klonk plotseling schor – zijn mond en keel waren inderdaad droog. Chája legde haar gereedschap weer op tafel en stond op. "Nee, hoor", zei ze, "ze zijn er alleen maar. Gewoon." Ze haalde haar schouders op en glimlachte en liep naar de keuken. Sjlomo keek snel de kamer nog eens rond en stapte toen vlug zijn vreemde dochter na. "Maar...", begon hij en hij zweeg. Hij stond in de deuropening en voelde zich zo onveilig met de gang en de kamer achter zich. Hij stapte de keuken in en ging met zijn rug naar de koelkast staan. "Die vrouwen zijn altijd bij je? Ook nu?" Chája knikte: "Toen ik klein was heb ik dat tegen iema en u gezegd, hoor. Weet u dat niet meer?" Sjlomo wist het echt niet meer. "Toen je klein was, begrepen we maar weinig van wat je zei, meisje..." Het water zat in de koker en de twee glazen stonden klaar met suiker en lepeltjes. Chaja wendde zich naar haar vader: "Dan weet u het nu toch weer wel?" Sjlomo trok zijn dochter tegen zich aan en kuste haar op haar hoofd. "Maar...", begon hij, "andere mensen zullen dit niet begrijpen..." Chaja deed een stap terug: "Nee, maar ik zeg het toch niet tegen andere mensen. Maar u begrijpt het toch wel, hè, abba?" Sjlomo knikte - wat moest hij anders? En de Joodse traditie kende natuurlijk veel verhalen over beschermengelen, maar ze zelf zien... Dat was nogal een schok! "Zie je weleens van die...eh...vrouwen bij andere mensen?" Chaja knikte verbaasd: "Ja natuurlijk! En ook mannen!" Sjlomo vroeg: "Hier in huis...?" Weer knikte Chaja: "Bij mijn abbele en bij El-chanán zie ik weleens van die mannen!" En bij Chájiem? "Nee, bij Chájiem niet. Ook bij iema niet en bij Leá niet... Is dat slecht?" Sjlomo had geen idee. Maar als je beschermengelen hebt, wil dat dan zeggen dat je met een zeker doel beschermd wordt? Dat je voorbestemd bent? En als je geen beschermengelen hebt...? "Vertel dit maar niet aan de anderen als ze straks thuiskomen, Chajele, anders worden ze nog jaloers op ons! En daar willen we hen voor bewaren, niet?"

36 Engelen verkondigden

Achttien engelen stonden rond de Noordpool en nog eens achttien rond de Zuidpool. Elk van hen was vergezeld van een hongerige leeuw en elk van hen droeg een vlammend zwaard in de rechterhand en de rol met het Eindoordeel in de linkerhand. Reusachtig groot waren zij en als uit rotsen gehouwen. Zij gingen uit over de Aarde, elk in zijn eigen richting. Donderend riepen zij naar alle schepselen in alle talen der wereld:

DE DAG DES EEUWIGEN!

**DE GROTE DAG DES EEUWIGEN IS NABIJ!
HET GELUID VAN DE DAG DES OORDEELS ZAL EENIEDER DOEN GRUWEN:
WIE NU EEN HELD IS, ZAL DAN BITTER SCHREEUWEN!**

**DIE DAG ZAL EEN DAG VAN VERBOLGENHEID ZIJN:
EEN DAG VAN BENAUWDHEID EN VAN ANGSTEN,
EEN DAG VAN WOESTHEID EN VERWOESTING,
EEN DAG VAN DUISTERNIS EN VAN DONKERHEID,
EEN DAG VAN DE WOLK DIE ALLES BEDEKKEN ZAL....**

EEN DAG VAN BAZUINGESCHAL TEGEN DE VASTE STEDEN

En tegen de hoge torens: zij zullen vallen!
En Ik zal de mensen bang maken,
dat zij zullen gaan als de blinden,
want zij hebben tegen de Eeuwige gezondigd.

Wrekende zielen zullen rondgaan
en het bloed van de mensen zal vergoten worden
als droog zand van tussen de vingers
en hun vlees zal rotten en stinken als drek!

Noch hun zilver noch hun goud zal hen kunnen redden
op de dag van de verbolgenheid des Eeuwigen:
want door het vuur van Zijn afgunst
zal alle land verteerd worden,
en Hij zal onherroepelijk en meedogenloos afrekenen
met al de zondaren van het land!

Alle schepselen gruwden en alle beefden van angst. Dieren kropen weg in holen en verstopten zich op hun buiken in het kreupelhout en veel mensen vluchtten voor de engelen uit. Domme mensen barricadeerden hun huizen maar verstandige, goede mensen juichten de engelen juist toe: zij begrepen dat de verlossing nabij was, dat eindelijk de Aarde bevrijd zou worden van onrecht en ongerechtigheden. Bij elke synchrone stap van al die engelen trilde de hele Aarde. Het water in de meren en de zeeën klotste op de oevers en slapende vulkanen begonnen te ontwaken. De torens van verwaandheid in de centra van de grote steden wuifden als riet in de wind, maar nog braken en vielen zij niet: de kwaden kregen de gelegenheid zich van de goeden af te scheiden. Dictators stuurden gevechtsvliegtuigen af op de stenen engelen, maar hun geschut had geen enkel effect. De materie van de engelen was niet werkelijk daar, en waar zij traden, bleef geen spoor.

Het duurde enkele uren slechts en in alle landen was de denderende voortgang van de engelen live op televisie mee te maken. Jeruzalem werd door de engelen niet betreden, maar een van de leeuwen brulde boven de stad en alle inwoners krompen ineen en bedekten hun oren. Sjlomo Toevíe-Jah nam Dvorah beschermend in zijn armen en Chaja sloeg haar armen om hen heen en klemde zich aan hen vast. Zo wachtten zij gedrieën tot het voorbij zou zijn, of zou geschieden.

Bij het bereiken van de evenaar ontmoetten de engelen elkaar, en toen losten zij op. Het werd stil, doodstil, alsof iedereen in spanning de adem inhield. Daarna begonnen de speculaties. "Een massapsychose!", werd geroepen, "Een massahallucinatie !" Een Amerikaan beschuldigde China van een technologische terreurdaad om de wereld te onderwerpen, maar de Chinezen waren zelf ook in paniek. De Russische premier wendde zich tot de leiders van de orthodoxe kerk en alle Romeinen dromden naar het Vaticaan. Afrikaanse onderdrukkers verlieten in zwaar bewapende konvooien hun hoofdsteden en verscholen zich in de jungle. De Iraanse republiek activeerde al haar atoomkoppen en kondigde de staat van beleg af. In Algerije trok de bevolking in wilde waanzin door de straten en roofde alle winkels leeg. In New York en Antwerpen liepen orthodoxe Joden bij elkaar de drempels plat terwijl ze vergiffenis vroegen voor al dat zij elkaar wellicht ooit hadden aangedaan. Katholieken vielen op hun knieën en protestanten vouwden hun handen samen en sloten hun ogen. Priesters op scholen stuurden met bevende handen hun leerlingen naar huis en die leerlingen lachten hen wraakzuchtig uit: "Nu krijgen jullie de straf die jullie verdienen!" Parlementen werden bijeengeroepen, maar de leden bleven weg. Regeringen waren radeloos. Imams, dominees en rabbijnen maanden tot bezinning, inkeer en berouw, maar zij begrepen allang dat daarvoor niet voldoende tijd meer was. Een oude Joodse spreuk luidde: "Leef elke dag alsof het je laatste is", opdat men in het reine zou komen met zijn naasten, opdat men op elk willekeurig moment in vrede zou kunnen sterven. De paus verklaarde dat de gelovigen in zijn kerk niets hadden te vrezen, maar Jehovah's Getuigen beleden luidkeels hun overtuiging, dat alleen **zij** zouden overleven, dat alleen **zij** de Komende Wereld zouden betreden. In Jeruzalem kreeg de tweedeling seculier-religieus een geheel nieuwe vorm: de seculieren stonden in de rij voor tankstations en kochten de supermarkten leeg terwijl de religieuzen naar de Tempelmuur trokken. Onschuldige Joden en schuldbewuste Joden kwamen samen in de synagogen. De eersten baden God om mededogen voor de mensheid, de anderen smeekten om vergeving voor alleen zichzelf en werden zo pas waarlijk schuldig. Het telefoonverkeer stortte in, internationaal en ook lokaal. In de synagoge in de straat van Sjlomo kwam de hele buurt samen en er waren zoveel mensen dat de vrouwengalerij vol raakte en tenslotte mannen, vrouwen en kinderen beneden samengepakt stonden. Chaja-Sarah stond achter haar vader en haar moeder en gaf hen lucht temidden van de menigte. Rabbi Sjlomo had een gebedenboek van Grote Verzoendag geopend en las met trillende stem:

"De Allerhoogste zit in zijn verborgen Plaats, de Almachtige Sjaddái slaapt in duisternis. Zeg nu tot God, dat Hij je toevlucht en je schuilplaats is en dat je op Hem zult vertrouwen, dan zal Hij je behoeden voor de valstrik en voor verderfelijke woorden. Hij zal je bedekken met zijn wieken en Hij zal je toestaan in de warmte onder zijn vleugels je toevlucht te zoeken. Hij zal je als een trouw schild omringen. Je hoeft niet langer angst te hebben voor demonen die rondsuizen door de nacht, noch voor pijlen in de dag, en niet voor de epidemie die door de schemering sluipt, noch voor de zonnesteek, die duivel van de middag. Duizend mogen vallen aan je linkerzij en tienduizend aan je rechterzij: jou zal het kwaad niet raken! Je zult toekijken terwijl de goddeloze vergelding krijgt. Indien je nu zegt, dat je de Hoogstverhevene tot je enige toevlucht maakt, dan zal geen ongeluk je nog bereiken en geen ziekte je huis besmetten... Geprezen en verheerlijkt worde uw Naam voor altijd, onze Koning, de God die de grootste Koning is in de Hemelen èn op Aarde. Want u, Eeuwige onze God en God van onze voorouders, heeft recht op lied en prijzing, loflied en

zang, zegenspreuken en dankzeggingen, van nu en tot in eeuwigheid. Geprezen bent U, Eeuwige, God en grootse veelgeprezen Koning, God onzer dankzeggingen, Heer aller wonderen, die lofzangen aanvaardt, Koning en God van het Eeuwige leven." Als één mens volgden alle aanwezigen in de sjoel en ook degenen die gedwongen buiten stonden Sjlomo in de schuldbelijdenis:
"*Asjámnoe. Bágádnoe. Gazálnoe. Diebárnoe dóffie. He'evvíenoe. Vehirsjá'enoe. Zádnoe. Chamásnoe. Tafálnoe sjèkker. Ja'átsnoe ra. Kizávnoe. Látsnoe. Marádnoe. Ni'átsnoe. Sarárnoe. Awíenoe. Pasjánoe. Tsarárnoe. Kisjíenoe óref. Rasjá'enoe. Sjichátnoe. Ti'ávnoe. Ta'íenoe. Ti'etá'enoe.*
Sárnoe mi-mitswotécha oe-mi-misjpatécha ha-tovíem, ve-lo sjavá lanóe. Ve-attá tsaddíek al kol ha-ba allénoe, kie emmét asíeta, ve-anáchnoe hirsjá'enoe.
Wij zijn schuldig: wij waren trouweloos, wij roofden, wij roddelden, wij verleidden tot kwaad, wij hebben zonder grond geoordeeld. We koesterden boze opzet, we waren gewelddadig, we logen, we bespotten, we stonden tegen U op, we lasterden, we begingen misstappen en misdaden en we waren vijanden van God. We waren eigenwijs en stijfkoppig en begingen alle denkbare misdrijven. We begingen fouten en voerden anderen tot fouten. Wij weken af van uw opdrachten en uw goede instellingen van recht en het bracht ons niets. Wat U ook over ons zult brengen, het is uw recht. Het is juist en waar wat U gemaakt hebt, en wij hebben alleen maar kwaad gedaan...

Ma nomár le-fanécha josjéév maróm ? oe-ma nesappéér le-fanécha sjochéén sjchakíem ? ha-lo kol ha-nistarót ve-ha-niglót attá jodéa? Attá jodéa razé olám, ve-ta'aloemót sitré kol chai. Attá choféés kol chadré vètten oe-vochéén klajót va-leev. Een daváár ne'elám mi-mècha, ve-een nistár mi-nèged eenécha.
Wat kunnen wij nu voor U aanvoeren, Hoogverhevene? Wat kunnen wij nu zeggen, Bewoner van de Hemelen? U weet immers al dat verborgen is en al dat onbedekt is? U weet alles van de wereld en u kent alle geheimen van al dat leeft. U hebt toegang tot alle kamers van de buik en kijkt in de nieren en in het hart. Niets ontgaat U en niets is voor U verborgen...

Oe-ve-cheen jehíe ratsón milfanécha adonái eeloohénoe ve-eloohé avoténoe, sjeh tislách lanóe al kol chat'oténoe ve-timchál lanóe al kol avonoténoe, oe-techapéér lanóe al kol psja'énoe.

Moge het dan uw wil zijn, onze God en God van onze voorouders, dat U ons onze zonden zult vergeven, dat U ons vergiffenis zult schenken voor onze misstappen, en dat U zich met ons zult verzoenen over al onze misdaden:

omdat wij tekort schoten tegenover U, zij het onder dwang of uit vrije wil;
omdat wij tekort schoten tegenover U, in het openbaar of in het geheim;
omdat wij tekort schoten tegenover U, door de woorden van onze mond;
omdat wij tekort schoten tegenover U, door wat ons hart over u dacht;
omdat wij tekort schoten tegenover U, doordat wij uw grote Naam belasterden;
omdat wij tekort schoten tegenover U, door wat wij wisten en door wat wij niet wisten;
vanwege dit alles, **God van Vergiffenis**, vergeef ons, scheld ons kwijt, **verzoen U met ons!**

Omdat wij tekort schoten tegenover U, doordat wij onze lippen bezoedelden;
omdat wij tekort schoten tegenover U, doordat wij het verkeerde wilden;
omdat wij tekort schoten tegenover U, doordat we minachting koesterden voor leraren en ouders;
omdat wij tekort schoten tegenover U, doordat wij U belogen en bedrogen hebben;
omdat wij tekort schoten tegenover U, doordat wij ons vergaten in handel en wandel;
omdat wij tekort schoten tegenover U, doordat wij verkeerd aten en dronken;
vanwege dit alles, **God van Vergiffenis**, vergeef ons, scheld ons kwijt, **verzoen U met ons!**

Omdat wij tekort schoten tegenover U, doordat wij onze plicht verzaakten; omdat wij tekort schoten tegenover U, doordat wij afgunstig waren; omdat wij tekort schoten tegenover U, doordat wij lichtzinnig waren; omdat wij tekort schoten tegenover U, doordat wij ons haastten om kwaad te doen;
omdat wij tekort schoten tegenover U, doordat wij gehaat hebben zonder rechtvaardiging;
omdat wij tekort schoten tegenover U, doordat wij als in een roes hebben gehandeld;

vanwege dit alles, **God van Vergiffenis**, vergeef ons, scheld ons kwijt, **verzoen u met ons!** Want U bent Israèl's vergever en U scheldt de stammen van Jesjoeróen in alle generaties kwijt. Buiten U hebben wij geen Koning die kwijtscheldt en vergeeft! Mijn God, voor ik was geschapen, was ik niets waard. En nu ik geschapen ben, is het alsof ik niet geschapen ben. Stof ben ik gedurende mijn leven, hoeveel te meer dan in mijn dood! In uw ogen ben ik immers slechts een vat vol schande en gebrek. Moge het uw wil zijn, mijn God en God van mijn voorouders, dat ik niet weer zal zondigen. En waar ik al gezondigd heb, wil dat uitwissen. Met de woorden die geleerden hebben aaneengesmeed en met al dat mijn leraren mij hebben bijgebracht, wil ik nu mijn mond openen om mijn smeekbeden op te zenden naar de Koning van erbarmen, naar Hem, die de zonden van de berouwvolle kwijtscheldt en vergeeft.

Verzamel uw liefde en geef ons leven, onze liefhebbende Koning, want het is leven dat U verlangt. Schrijf ons in, in het boek van het leven omwille van U, God van het leven, onze steun en kracht. Geprezen bent U, God van Israèl, schild van Avrahám!"

Telkens weer was Sjlomo's stem gebroken en had hij moeten slikken en schrapen alvorens hij verder kon, maar toen kon hij helemaal niet meer. De menigte werd onrustig. Maar plots klonk de stem van een jonge vrouw en vervolgde: "De Heer zal regeren tot in de eeuwigheid, jouw God o Tsiejón, in alle generaties, loof God! Hallelóe-Jah!" Welja, een vrouw die voorzong, als dat geen teken was van het einde der dagen..! "**Hallelóe-Jah!**", viel de gemeente in. De vrouwenstem vervolgde: "Vergeef ons toch, oppermachtige Koning, verdraag toch onze afvalligheid en schuld en toon uw grote kracht. Barmhartige, vergeef de schuld van hen die hier voor U staan en die U loven en prijzen, opdat zij zullen worden ingeschreven in het boek des levens voor een goed leven. U alleen bent rechter over ons, vandaag en tot in eeuwigheid. Vandaag schrijft U in uw boek wie leven zal en wie zal sterven. Blijf wakker, Israèl, blijf vast staan en smeek Hem om het leven. Smeek daar voor de troon van de Allerhoogste Rechter:

S preek tot de Eeuwige!

Enige heerser van het al, bevrijder van het volk Israèl, U doet uw woorden gestand en kent een overvloed van vergiffenis! Loof de Eeuwige, vertel van zijn wonderen en verkondig zijn heilige Naam!

Spreek tot de Eeuwige!

Geprezen is uw grootheid en uw niet-aflatende bereidheid te vergeven. Elk schepsel ziet uw macht, uw hand omvat onze hele wereld. Loof de Eeuwige, zing Hem toe bij de harp!

Spreek tot de Eeuwige!

U bent de Verlosser van uw heilige volk, laat het in verzoening met U heiliging vinden. Vestig uw heiligdom onder de nazaten van Avrahám, zij zullen uw Naam prijzen!

Spreek tot de Eeuwige!

U regeert over Aarde en Hemelen, uw macht is ongekend en onbegrensd. Wij zoeken toevlucht bij uw macht: neem ons in bescherming onder de vleugels van de Sjechiená en ook daar zullen wij voor U zingen en onze gebeden aan U offeren.

Spreek tot de Eeuwige!

U sprak en uit het niets kwam voort het al. Elk woord uit uw mond is een scheppingsdaad: U houdt ons in stand, elk moment van de dag en de nacht. Dankzij uw welwillende aandacht leven wij. Daarvoor danken wij U alle dagen.

Spreek tot de Eeuwige!

U voert de Aarde in een veilige baan tussen de sterren door. U grondvest de wereld in liefde. Wij zijn de kinderen van uw verbond, de fakkeldragers van Avrahám.

Spreek tot de Eeuwige!

Wij leggen onze zielen hier voor U te zien. Wij geven ons over, zonder voorbehoud. Wat wij goed deden, bieden wij U aan, wat wij fout deden, onthouden wij U niet. U zult rechtspreken in waarheid en op liefdevolle wijze.

Spreek tot de Eeuwige!

Niet om de verdiensten van onze voorouders laat ons leven, maar om het potentiaal dat U in ons weet. Wij willen niet leven om te zondigen, maar om uw wil te doen. Wij willen uw deelgenoot zijn in de uitvoering van uw plan voor de schepping. Sta het ons toe, Koning en Vader, en schenk ons van uw kracht: doordrenk ons met uw liefde, opdat wij sterker zullen zijn dan voorheen, opdat wij met U kunnen optrekken, opdat wij samen met U de wereld in de Messiaanse staat kunnen brengen; opdat U ons waardig zult keuren en opdat U weer uw woning zult betrekken in Jeroesjalájiem..."

Een mannenstem antwoordde vol vuur: "Spoedig, nog in onze dagen, améén ve améén sèlla!" Van alle zijden klonk het: "**Améén ve améén!**" Het was Chaja-Sarah geweest, die haar vaders tekst had overgenomen. Toen hij stilviel had zij uit het hoofd de rest gezegd. Terwijl zij sprak, trokken de mensen zich van haar terug en toen het laatste 'améén' had geklonken, draaiden Sjlomo en Dvorah zich naar hun dochter en huilend omhelsde Dvorah haar. Een vrouw riep : "Rabbi, wat moeten we nu verder doen? Vandaag? Morgen?" Sjlomo hield zijn hoofd schuin en trok zijn schouders op, want hij wist het eigenlijk niet. "Bereid zijn voor wat komen gaat. Wat dat ook moge zijn... De Masjíeach zal vandaag of morgen opstaan: wees elkaar nabij! Steun elkaar!" Er was nog aarzeling bij velen: maar wat moesten ze DOEN? Sjlomo wist even niet wat te zeggen. Chaja-Sarah keek hem even afwachtend aan, maar toen gaf zij het antwoord: "Laten we blij zijn, want hierom hebben wij in al onze generaties gebeden. As mosjíeach wet koemen, werden wier machen a soedenjóe... – Wanneer de Masjíeach komt, richten we een feestmaal aan! Want wij hebben niks te vrezen! Wij zijn goede mensen, de Kinderen Israèl's!" En ze zong: "Masjíeach Masjíeach Masjíeach! Masjíeach a-jai-jai-jaai!" Opgetogen keek Chaja-Sarah om zich heen. Sjlomo legde opgelucht een hand op haar schouders en zei knikkend: "Chajele heeft gelijk: de komst van de Masjíeach is een feest. Laat de zondaren beven van angst, wij zullen vieren! Het is feest! Masjíeach Masjíeach Masjíeach! Masjíeach a-jai-jai-jaai!" Met enig aarzelen kwam de menigte op gang: "Masjíeach Masjíeach Masjíeach! Masjíeach a-jai-jai-jaai! **Masjíeach Masjíeach Masjíeach! Masjíeach a-jai-jai-jaai!**"

Zingend en al gauw ook dansend verlieten de mensen de synagoge en verspreidden zich door de straat. Mannen sloegen armen om elkaars schouders en vrouwen namen elkaar bij de hand. Kinderen joelden opgelucht nu ze niet meer bang hoefden te zijn. Eenmaal terug in hun flat schoof Chaja-Sarah dicht tegen haar moeder aan en vroeg: "Nu de

Masjíeach komt, komt er zeker ook wel een man voor mij, hè?" Haar moeder streek over haar hoofd en antwoordde overtuigend: "Ja natuurlijk, meisje van me, natúúrlijk!"

De geheime ziel van de Masjíeach

Wie meent dat de dood goed is, leeft verkeerd. De dood is niet goed en na de komst van de Masjíach zal dan ook niemand meer sterven en wie al gestorven was, zal opstaan en weer leven. Van beenderen die reeds lang zijn vergaan zal het stof zich herenigen en skeletten zullen opgetuigd worden met pezen en bedekt met levend vlees en huid. Pasgeboren kinderen zullen gewiegd worden in de armen van de grootouders van hun grootouders. Moordenaar en slachtoffer zullen hand in hand gaan, alleen, zo zegt de God van Israèl: "Die Mijn kinderen belaagde, zal de hel niet verlaten!" De Heer is vol vergiffenis maar niet voor de slachters van Zijn priestervolk. De zon zal schijnen ook op de maan en het zal lijken of alles nog hetzelfde gaat, maar zonder sterfelijkheid zal de mens rust vinden nog tijdens zijn leven en dus zal er vrede heersen op Aard' en niemand zal nog gebrek lijden. God heeft immers voor allen voorzien?

Onze voorvader Ja'akóv zegende zijn zonen vanaf zijn sterfbed. Over zijn oudste zoon zei hij: "In Jehoedá's handen zal de scepter blijven, tussen zijn voeten de heersersstaf, totdat Sjieló komt: Hij wie alle volkeren zullen dienen."

Sjieló is de Méllech Masjíeach: de Gezalfde Koning die namens God zal heersen over de schepping. Sjieló staat gelijk aan Mosjé: even toegewijd aan de Eeuwige en even doordrongen van Zijn wensen en Zijn wetten. Mosjé leidde het volk van priesters en Sjieló zal de mensheid leiden: de eerste Verlosser zal ook de laatste Verlosser zijn. De ziel van de ziel van Mosjé zal de Verlosser zijn: de ziel die Mosjé de Torá onderwees, de engel die hem leidde, onderwees en beschermde: Metatron, de Sar ha-Paníem – de Vorst van het Gelaat, de enige die God mocht aankijken, de enige die in Zijn aanwezigheid mocht zitten. Zeventig namen heeft Metatron: één voor elke taal van de mens. En al die namen betekenen 'Vorst van het Gelaat'. Metatron is de eerste dienaar van de Eeuwige, de eerste minister in Zijn kabinet. De Almachtige noemt hem liefkozend 'Ná'ar' – Jongeling.

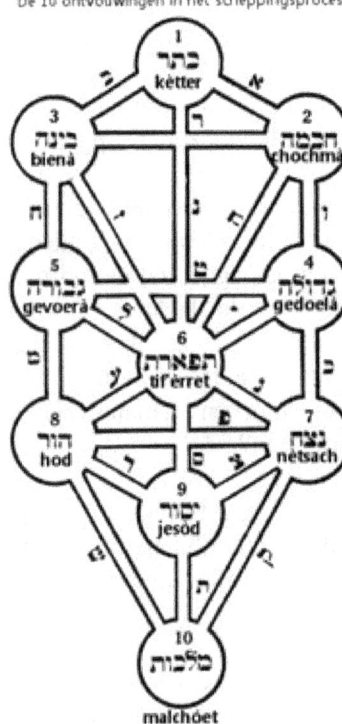

Mosjé had de ziel van Biená – Begrip, maar Metatron heeft de ziel van Chochmá – Wijsheid.
De Masjíeach zal de ziel van Kètter – Kroon - hebben. Boven Kètter is er slechts het Eén Sof – de Eindeloosheid van waaruit God de schepping begon.

Zo zal de Masjíeach de ziel van de ziel van Chanóch hebben, die de ziel van de ziel van Mosjé heeft.

Masjíeach zal heersen over de hele schepping, niet slechts over de Aarde.

Masjíeach is Metatron-verheven.

Hiermee is een duim onthuld en een mijl nog verdekt.

De schepping komt voort uit de eerste sefierá – ontvouwing – Ketter en zo komen alle zielen voort uit de ziel van Ketter. De ziel van de Masjíeach is de moeder van alle zielen en alle zielen van de mensen bestaan in haar. Wanneer de Masjíeach komt, zullen de zielen van de mensen heel en één worden.

Ik ben een Jood

Bij eerdere rampen bleef ik in de Hemelen en beklaagde vandaar het Volk, maar toen de mens poogde zich voorgoed te ontdoen van het Geweten van de mensheid kon ik niet volstaan met toekijken. Ik werd Jehoedá – ik werd Jood.

Het was zwaar Jehoeda te zijn - het was zwaar Jood te zijn. Die zwaarte kende ik voorheen niet, ook al was ik eerder al mens, want toen ik in mijn generatie op Aarde wandelde, was er nog geen vervolgde minderheid. De vervolgingen zijn geen onderdeel van de schepping door de Almachtige: zij zijn gemaakt door de mens. Veel van wat er bestaat op Aarde is geschapen door de mens en er zal moeten worden opgeruimd.

Ik was een Jood en ik werd opgepakt, van mijn gezin gescheiden, vernederd en geslagen en vermoord. Omdat ik Jood was: omdat ik lid was van het priestervolk dat de mens bewust had gemaakt van mensenrechten en rechtvaardigheid, ethiek en fatsoen. Mijn moordenaars wilden door dierlijke instincten geleid blijven en zij bestreden het geweten in zichzelf en het geweten in de maatschappij. Het geweten in de maatschappij wilde maar niet zwijgen en het bleef maar doorklinken in de kerken, in de wetten en in boeken. En dus moest het geweten dood.

De Rooms-katholieke kerk steunde mijn moordenaars omdat het wilde uitwissen dat het katholicisme slechts een aftreksel van het Joodse geloof was. In een wereld zonder Joden en Jodendom zou het katholicisme kunnen roepen dat het de enige echte godsdienst is.

Ik ben vermoord en het gezin van Jehoedá is vermoord en zes millioen leden van God's bijzondere volk zijn vermoord, maar de totale vernietiging van het Jodendom is door de Hemelen voorkomen.

Mijn weg terug naar de Hemelen was een lange weg, die over veel obstakels voerde. Liefde vond ik aan die weg, en ook verraad: Eliesa bleek Liliet. Eliesa heeft nooit bestaan en Liliet heb ik gedood. En onze zoon Asjmedái heb ik gedood. Soms is de dood minder slecht dan het leven.

Hoe kon de mens zover komen dat hij (keer op keer!) medemensen afslachtte? In alle wetboeken van de mens staat toch geschreven dat het vermoorden van mensen verboden is? De mens zette de Jood op een lager vlak dan zichzelf: de Jood was daardoor geen mens meer maar een schadelijk schepsel, en dus was het doden van Joden geen verfoeilijke moord, maar een maatschappelijk verantwoorde daad. Zonder het geloof in de Enige heeft moraliteit geen basis en dan verworden goed en slecht tot menselijke denkbeelden: veranderlijk naar gelang het menselijk eigenbelang. Zonder de spirituele leiding van de Alwetende is de mens stuurloos. Zonder het morele gezag van de Almachtige is de mens niet meer dan een naar zijn lusten levend beest.

Het is tijd voor een nieuwe Openbaring, één waarvan de hele mensheid tegelijkertijd getuige zal zijn; één die gefilmd en uitgezonden en bewaard zal worden; een Openbaring die gevolgd zal worden door een eindeloze reeks van kleine openbaringen, opdat de waarheid nooit weer zal kunnen worden ontkend:

God heeft geschapen – God houdt in stand – God leeft

De waarschuwing van Chanóch

Voor alle mensen met waardigheid, voor alle rechte sjoftíem op Aarde, voor al mijn kinderen en voor al hun afstammelingen die deze planeet zullen bevolken, schrijf ik deze lessen, opdat zij rechtvaardig en vreedzaam zullen leven.

Kwel jullie zielen niet met zorgen over de tijden noch over deze tijd: de Heilige, geprezen is Hij, heeft voor alles een tijdspanne vastgesteld. Laat de rechtvaardige ontwaken uit zijn sluimering, laat hem opstaan en het pad der rechtvaardigheid bewandelen, in alle wentelingen en vertakkingen, en laat hem groeien in goedheid en in eeuwigblijvende vergevensgezindheid. Hem zal genade worden betoond en hij zal met integriteit en kracht worden beloond. Laat de volwassene de onschuld en oprechtheid van zijn jeugd bewaren. In goedheid en rechtvaardigheid zal hij wandelen en hij zal gaan in altijdschijnend licht, terwijl de zonde zal afsterven en vergaan in duisternis en nimmerweer gezien noch gehoord zal worden.

Lees wat ik geschreven heb in deze rollen: het gaat over de kinderen van rechtvaardigheid, over de uitverkorenen van deze wereld en over de kostbare planten van oprechtheid en waarachtigheid, die voortdurend aandacht en zorg behoeven. Hierover zal ik spreken en deze zaken zal ik jullie verklaren, mijn kinderen: ik ben Chanóch. Uit wat mij getoond is, uit wat ik zag in de Hemelen en uit wat ik hoorde in de stem van de hemelse opzichters en heiligen, heb ik grote wijsheid verkregen en in de hemelse schrijfstoel heb ik begrip verworven. Aldus vergaat het de wereld: ik ben geboren als zevende generatie nog in de eerste week, terwijl oordeel en rechtvaardigheid geduldig wachtten. Na mij, in de tweede week, kwam gruwelijke doortraptheid op en daaruit ontsproot bedrog. In die week kwam het eerste millennium tot een einde: het millennium waarin de mens veilig was. Daarna echter, in het tweede millennium, kreeg het onrecht de overhand en gedurende de tweede week voltrok Hij het vonnis over de zondaren: een vloed spoelde de zonde weg.

In de derde week, tijdens het derde millennium, werd een schoot van de plant van het rechtvaardige oordeel uitverkozen tot koning namens de Almachtige over Jeruzalem en heel het heilige land. Zijn zoon bouwde een woning voor Zijn Aanwezigheid en al mijn kinderen kwamen daar tot Hem en bewezen Hem eer.

In de vierde week eindigde het vierde millennium en toen werden de visioenen van de heiligen en de leerstellingen van de rechtvaardigen door eenieder gezien, en de generaties werden gerangschikt: de wijsheid aller generaties verzameld in het studieboek.

In de vijfde week werd de Leer verspreid tot in de verste hoeken van de Aarde en nestelde zij zich diep in het bewustzijn van de mensheid. Het vijfde millennium moest zo eindigen.

In de zesde week wendden alle oprechten zich tot de Schepper. De dienaren van Azaziël verzochten nog de goeden te vertrappen en de priesters uit te roeien. Velen geraakten in het donker en verloren de wijsheid. List en bedrog woekerden voort, lust en onrecht regeerden. Aan het einde van de zesde week werd de Verlosser geboren...

Spoedig dan, nog in jullie dagen, zal een Hemels Leger alle ongelouterde volkeren in angst en verwarring doen uiteenstuiven. Nadat dat gedaan is, zullen de zuivere zielen aangewezen worden om de zevenvoudige leer van de schepping te ontvangen, en zij zullen zwaarden krijgen om Jeruzalem te kuisen van de aanwezigheid van onrechtvaardigen. Zij zullen er de huizen herbouwen en de Troon van de Eeuwige zal worden hersteld en Zijn Woning zal staan tot in eeuwigheid.

Het rechtvaardige eindoordeel zal worden uitgesproken en voltrokken. Alle werken van de handen van de goddelozen zullen van de aardbodem worden weggeveegd en alleen wat goed is in de ogen van de Schepper zal blijven bestaan. Het vuur zal de opstandige engelen en ook Azaziël zelf doen opgaan in vlammen. Een nieuw uitspansel zal verschijnen en alle hemellichamen zullen helderder schijnen dan ooit tevoren. Vanuit het midden van de engelen zullen de Hemelen zich vernieuwen en zij zullen zich verbinden met de Aarde. De weken zullen dan niet meer geteld kunnen worden en allen zullen leven in goedheid en rechtvaardigheid. De zonde zal niet weerkeren naar de Aarde.

Wie van alle mensenkinderen kan de stem van de Heilige aanhoren zonder diepgeraakt te worden? Wie kan Zijn gedachten volgen? Wie kan begrijpen hoe het heelal werkt? De bewegingen kunnen zij waarnemen, maar niet wat ze bezielt. Wie kan de daden van de Hemelen bevatten? De mens kan met de Hemelen praten, maar hij kan hen niet betreden. Hij kan het einde der dingen beredeneren, maar hij kan het niet doen geschieden.

Welk mens kan bevatten hoe diep de ruimte is en waarop zij rust? Wie kan alle sterren tellen, wie kan alle sterren zien? Laat mij jullie aansporen, mijn kinderen, recht na te streven en rechtvaardigheid lief te hebben, want de paden van onrecht zullen plotseling instorten en verdwijnen. Ook de meest achtenswaardigen weten hoe zij moeten onderdrukken en doden, maar zij onthouden zich daarvan. Bewandel de paden van vrede, opdat je waard bevonden zult worden om te overleven. Houd mijn woorden voor ogen en wis hen niet van jullie harten: jullie weten hoe sluw de zondaren hun verleidingskunst beoefenen. De oplichter en de afperser zullen in vrees leven en nooit zullen zij rust kennen. Zij die hun rijkdom bouwen op misdaad zullen ervaren hoe de funderingen gesloopt worden. Wie zilver en goud vergaart, onthoudt het aan anderen en zijn lot zal zijn als het lot van elke dief. Wee al degenen die op hun rijkdom vertrouwen, want zij zijn de Allerhoogste vergeten! Hun leven is godsloochening want zij leven alleen voor zichzelf. Zij zijn voorbestemd voor de dag van het bloedvergieten, voor die duistere dag, en zij zullen het licht van de nieuwe dagen niet genieten. Hij die hen geschapen heeft, zal hen dan vernietigen. Bij je val zal Hij je geen genade betonen, integendeel: Hij zal zich verheugen! Veracht daarom de zondaren en de goddelozen en houd hen ver.

Waren toch mijn ogen waterwolken, zodat ik om jullie zou kunnen wenen, zodat ik verlichting zou vinden van mijn smart! Wie heeft jullie toegestaan te haten en te moorden? Het vonnis zal jullie onderscheppen! De rechtvaardigen hoeven de booswichten niet te vrezen, want uiteindelijk en binnenkort zullen zij in jullie macht zijn en dan zullen jullie meemaken hoe de Eeuwige jullie wreekt. Wie zijn buren belaagt met kwaad zal zijn verdiende loon ontvangen: tussen hem en de genade staat de muur van zijn zonden. Wie voordeel trekt uit de wandaden van anderen, neemt het juk van hun zonden op zijn schouders: hij zal veroordeeld worden net als zij.

De zondaren zullen kreunen en ontroostbaar huilen tot het zwaard hen één voor een zal doen verstommen. De rechtvaardigen zullen glorieus hersteld worden: een prachtig licht zal hen alle dagen omgeven en zij zullen kalme stemmen vanuit de Hemelen horen. De psalmen en hemelse gezangen zullen hun oren strelen en hun zielen verwarmen en verheffen.

Op de dag van het oordeel zal van ieder mens de rol gelezen worden en elke goede daad zal worden beloond, maar elke misstap zal hem zwaar worden aangerekend. De rechtvaardige zal in schaamte zijn hoofd laten hangen, maar de verstokte zondaar zal uitvluchten verzinnen en uitwegen zoeken. Wanneer het vonnis geveld zal worden, zal de rechtvaardige berouwvol opkijken naar de Opperrechter en zijn tranen zullen worden gedroogd, maar wie geld als water heeft, zal meedogenloos verdronken worden. Ja, allen die zich kleden in majesteit, in autoriteit en in rijkdom, die parmantiger zijn dan bruiden, die zich omhangen met goud en edelstenen en menen dat zij zo beter zijn dan de eenvoudig gekleden, zullen nog opkijken: voor de Rechter zal de eenvoudige toch rijker blijken want wie zich niet kleedt in Torá en mitswót, zal naakt voor Hem verschijnen. Bedrevenheid doet onder voor belezenheid, kennis voor wijsheid. En geen berg zal een mens dienen tot sieraad.

De misdaad is niet door de Almachtige geschapen: de mens heeft het zelf uitgevonden en de daarin meest bekwame zal het meeste lijden. Onvruchtbaarheid zal de slechte vrouw niet van tevoren zijn beschoren, maar vanwege haar daden zal zij kinderloos sterven. Ik heb jullie gezworen, zondaren, bij de Naam van de Heilige, de Grootste, dat al jullie kwade daden onthuld zijn in de Hemelen en dat geen van jullie verdrukkingen verborgen of geheim is. Denk niet in jullie geesten en zeg niet in jullie harten, dat wat jullie in het geniep misdoen, niet openbaar zal zijn, want in de Hemelen wordt het elke dag genoteerd voor de troon van de Allerhoogste. Elke dag, tot aan de dag van je veroordeling.

Wee jullie, domkoppen, jullie zullen sterven in jullie domheid! Naar de wijzen willen jullie niet horen en wat goed is zullen jullie nooit verwerven. Jullie staan al ingeschreven voor de dag van vernietiging, denk maar niet dat de zondaren zullen leven: met de tijd zullen jullie sterven, want jullie zijn niet voorbestemd voor verlossing, maar voor het vonnis, voor verdrukking en tot onmetelijk lijden van jullie zielen.

Wee jullie, hardnekkigen, die misdaden plegen en zich voeden met bloed. Vanwaar komt al het goede waarmee jullie feesten: alle lekkere spijzen en drank? De Eeuwige heeft het geschapen en jullie voorgezet. Vanwege jullie verraad zullen jullie geen vrede kennen!

Wee jullie die lust en onrecht aanbidden! Hoe kunnen jullie nog hopen op het goede? Jullie zullen in de handen van de zuiveren worden gegeven en die zullen jullie kelen doorsnijden en geen enkel mededogen tonen. Wee jullie die zich hebben verheugd in het ongeluk van een rechtvaardige. Voor jullie zal geen graf worden gedolven.

Wee jullie die de woorden van een rechtvaardige teniet gedaan hebben. Voor de Hemelse Rechter hebben jullie geen recht van spreken meer. Sterven zullen jullie, onvoorbereid en snel.

Weet, dat de engelen overal zullen informeren naar jullie wandaden, tot bij de zon en de maan, tot bij de verste sterren. Elke wolk zal tegen jullie getuigen, de sneeuw, de dauw en de regen, en zij zullen jullie onthouden worden, opdat zij niet jullie slechtheid tot werktuig zullen zijn.

Door kwaadwillenden werd de Aarde een duistere plaats, om hen lieten de rechtvaardigen hun hoofden hangen. Het leed is bijna geleden, o rechtvaardigen: nog in deze dagen zullen jullie gebeden rechtstreeks opgaan tot in de Hemelen om daar door de engelen vereeuwigd te worden tot getuigenissen tegen de zondaren voor de Allerhoogste. Het zal lijken of alle volkeren vernietigd zullen worden, maar uit de rechtvaardigen der volkeren zal de mensheid herrijzen!

En ook voor allen die stenen en stukken hout aanbaden, of mensen op een voetstuk zetten alsof zij engelen waren, zal geen hulp komen. Hun harten zullen verstopt raken met hun onzin en hun ogen zullen verblind raken door hun bijgeloof. Allen tezamen zullen zij sterven. Die gruweldag zal komen, maar de rechtvaardigen zullen gezegend worden met woorden van wijsheid, zij die het pad van de Allerhoogste kennen en bewandelen. Zij zullen gered worden. Ja, die gruweldag zal komen want ik waarschuw niet om niet: engelen zullen afdalen tot in de verborgen plaatsen en de zondaren bij de haren tevoorschijn slepen. Vaders zullen neergehouwen worden met hun kinderen, ja, en broeders zullen dood neervallen naast de lijken van hun zusters. Het bloed van de zondaren zal door de straten stromen als een rivier en het paard zal er door waden tot aan de borst, tot aan de knieën van de ruiter. Maar ook op die dag, op diezelfde dag, zal de Allerhoogste Zijn vleugels spreiden over de rechtvaardigen. Hij zal hen onder de bescherming van de engelen stellen, opdat die hen zullen beschermen als de appelen van hun ogen, totdat al het kwaad en elke misdaad zullen zijn weggeslagen en weggevaagd. Dan zullen de kinderen van de Aarde elk woord van Het Boek begrijpen om nooit meer af te dwalen.

Kijk toch om jullie heen, het einde is al hier! De Aarde trekt zich al samen en probeert de mens van zich af te schudden. Golven overspoelen, valleien scheuren open en bergen vallen om. **Kijk dan toch!**

Maar de rechtvaardigen zal Ik bewaren, als op een hoog en stevig eiland in de woeste oceaan. Stormen, bliksemen en donderen zal het rondom, maar zij zullen niet vrezen onder Mijn vleugels. Zou Ik ook de goeden laten sterven, dan zouden de kwaden zeggen: "Wij worden niet gedood om onze zonden."

De zondaren hebben geroofd en verkracht en zij leefden in welvaart en genot, terwijl de rechtvaardigen in het zweet huns aanschijns nauwelijks hun brood verdienden. Welnu, de rechtvaardigen zullen de Masjíeach aanschouwen en al hun generaties zullen in vrede en overvloed hun leven slijten. Maar de zondaren worden neergehouwen en hun lijven, waarvan zij zoveel hielden, worden in modderige kuilen gesmeten als voer voor de gieren en de wormen.

Ik beloof, nee, ik **zweer** bij de Naam van de Eeuwige en Almachtige: niets dan goeds wacht de rechtvaardigen! Ik heb de Hemelse rollen gelezen, herlezen ook wat ik daar schreef, en al dat de engelen bewaarden. Ik heb gezien dat niets dan goedheid, vreugde en genade voor jullie is bereid. Zelfs in jullie dood nog zullen jullie beter af zijn dan de boze levenden, want de Komende Wereld zal jullie tuin zijn en jullie geluk eindeloos. Jullie zielen zullen zalig zijn en eeuwig voor het aangezicht van de Koning der Hemelen verblijven, want jullie zijn **de kinderen van het licht!**

Mijn kinderen

Kreunend krabbelden mijn kinderen overeind van tussen de lijken in Auschwitz, en bevend en zuchtend wankelden zij door de poort naar buiten: Frei macht Arbeit – de vrijheid doet haar werk.

Rond de hekken van de doodskampen was jaar in – jaar uit gezaaid en geoogst. In de dorpen waren meisjes en jongens verliefd geworden, waren mannen en vrouwen getrouwd, waren gezinnen gesticht en huizen gebouwd. Aan de ene kant van het prikkeldraad gevangenschap en doodsangst, aan de andere kant vrijheid en liefde. Zo dun en doorzichtig is dus de scheidslijn.

Om wat mijn kinderen was aangedaan hadden zij de mensheid mogen vernietigen, maar zij zagen daarvan af, want wat als er tien onschuldigen waren geweest?

Zij schonken geen vergiffenis, want vergiffenis is aan mij, evenals de wrake: wel betoonden zij mededogen. Dat is waarin mijn kinderen verheven zijn: Chieköei ha-Sjem - imitatio dei – het doen als God.

In Jeruzalem

"Abbele... iech hob a sjéle... Waarom is Omi zo gemeen tegen mij?"
"Is Omi dan gemeen tegen je, Chajele?!"
"Dat weet u best, abba! Ze is ALTIJD gemeen tegen mij!"
"Omi begrijpt je niet, Chajele, dat zal het wel zijn..."

"Abbele... In Soeká 53 staat geschreven 'Gelukkig is de oude dag die boete doet voor de jeugd'. Wat doet dan een boosaardige oude dag?"
"Chája Saráh!! Zo spreek je niet over je grootmoeder! Kibdíe et horájiech! Respecteer je ouders, èn je grootouders! Daai – genoeg!! Ga je moeder helpen!"

In Jeruzalem wonen mensen. In Jeruzalem wonen vooral Joden. Jeruzalem was de hoofdstad van het Joodse rijk en is altijd de hoofdstad van het Joodse volk gebleven. Jeruzalem zal niet weer verdeeld worden. In Jeruzalem ligt het hart van het Jodendom. Het hart van Jeruzalem is de berg Moríe-Jah. Daar toonde Avrahám zich bereid desgevraagd zijn zoon en erfgenaam te offeren aan de Eeuwige als ultiem bewijs van zijn absolute geloof. Daar besloot koning Davíed terecht de Ark met de Stenen Tafelen te plaatsen en daar bouwde koning Sjlomó de Eerste Tempel – het eerste Huis van de God van Israèl.

In Jeruzalem begint en eindigt de Aarde. Met de berg Moríe-Jah ving de schepping aan. De Almachtige schiep een stip en van die stip maakte Hij een berg en van die berg uit ontvouwde Hij de Aarde.

In Jeruzalem beginnen de Hemelen, maar zij eindigen daar niet, want zij eindigen niet. Toen Hij de Aarde had geschapen, nam de Almachtige het beginpunt en van daar schiep Hij de Hemelen. Op Aarde schiep Hij een tuin in een vruchtbaar gebied tussen de rivieren Eufraat en Tigris en in de Hemelen bouwde Hij Zijn Hemelse Hof. In de tuin plaatste Hij de mens en in Zijn Hof plaatste Hij Zijn engelen. Nooit zou Hij nog alleen zijn!

In Jeruzalem is het zonlicht uitzonderlijk helder en de lucht is er oorspronkelijk. De Jood die speculeren wil, reist naar Tsfat - de Jood die begrijpen wil, zet zich in Jeruzalem.

Zegen Mij...

Op die dag sprak de Alomtegenwoordige tot Chanóch, die altijd in Zijn nabijheid verbleef: "Chanoch, Mijn zoon, zegen Mij."

En Chanoch zegende de Schepper van het Al met deze zegenspreuk: "Heer van het Heelal, moge het Uw wil zijn, dat Uw genade Uw toorn zal bedwingen en dat U zult vonnissen in liefde en niet strikt naar de letter van de wet!"

Daarop boog de Eeuwige het hoofd en zweeg enige ogenblikken. Toen Hij Zijn blik weer hief naar het gelaat van Chanoch keek Hij recht door deze heen, tot voorbij de grenzen van de schepping. In een zucht zei Hij tot de engelen die hen omringden: "Blaas nu het teken..." en Hij keerde zich af. Als wilde Hij het niet aanschouwen.

Jehoedá zal het leger oprichten

De steenbok
Regeert het hoofd
Van de strijder

    Niet elke ziel zal kunnen strijden. Er zijn zielen die al bloed vergoten hebben in de oorlogen van de mensen: zij mogen niet ook bloed vergieten in de oorlog van God.
    Jehoedá de Hamer, die de onreinen had verslagen en de Tempel had gewijd, zou mijn zielen inspireren. Zijn nagedachtenis zou hen vervullen en hen vleugels geven.

    De opdracht aan de Heerschaar was het alle verstokte zondaren op te sporen en te doden. Daartoe was geen leger met verschillende afdelingen nodig, besloot Jehoeda en hij negeerde mijn eerdere gedachten over de structuur. Eén leger bestaand uit enkel ruiters. Zelfs officieren, zelfs onderofficieren zouden niet nodig zijn: strijders die uit de Hemelen komen, kennen alle plannen en weten precies wat er van hen wordt verwacht. Een juiste vorm was al dat zij behoefden. En zwaarden, vlijmscherpe zwaarden om de trouwelozen, de verraders, mee om te brengen. Tot uniform koos hij dunne witte kleden met een gordel om het middel, maar voor mijzelf koos ik het rood van de liefde.

Adám maakt het aanvalsplan

De weegschaal
Regeert heupen en nieren
Van de strijder

Geschapen werd de mens naar de wil van de Schepper en door Zijn hand. Uit het stof der Aarde schiep de Almachtige de mens en tot stof zal de mens wederkeren. Zo sprak de Eeuwige en zo was het bijna zes tijdperken. Spoedig zal het verkeren: de zondaren zullen sterven maar tot stof zullen zij niet vergaan. Aasvreters en maden zullen zich aan hen tegoed doen. De rechtvaardigen zullen leven tot zij voldaan zijn. Dan zullen zij plaatsmaken voor de volgende generaties, in welke zij herboren zullen worden.

De schepping van de mens was het toppunt in de geschiedenis van de wereld - daarna ging het alleen maar bergafwaarts. Deze verlaging zal zo tot stilstand komen: de mensheid zal op een nieuwe hoogte worden geplaatst en dit zal geen punt zijn maar een onafzienbare hoogvlakte. Nimmermeer zullen de generaties afdalen in de ravijnen, want die zullen gevuld zijn met de droge beenderen van de zondaren.

In de Hemelen... boven de wolken... zullen gezuiverde zielen zich bewapenen met glimmendnieuwe zwaarden, scherpst geslepen.

Vanuit de Hemelen... van boven de wolken... zal de heerschaar uitrijden op witte paarden. De einder zal dan al rood kleuren nog voor de zwaarden klieven, en Chanoch zal een rode mantel dragen en een gouden kroon. Rood is de kleur van de liefde, maar er kan geen liefde bestaan zonder gerechtigheid.

Boven de heiligste plek op Aarde zal het leger zich splitsen en troepen zullen zich in gestrekte draf begeven naar de hoofdsteden aller landen, vervolgens naar de provinciesteden en dan naar de dorpen. Dat zal zo door gaan tot boven elke gemeenschap zich strijders van de Heer bevinden. Dan zal Chanoch met vijfduizendachthonderd engelen neerkomen op Jeruzalem en zo zullen alle strijders neerkomen op hun doelen. Met getrokken zwaarden zullen zij door steden en dorpen trekken en rechts en links zullen zij alle straten en pleinen kuisen. De rechtvaardigen zullen wenen maar berusten en hun kinderen zullen helpen de doden weg te brengen naar de stortplaatsen. In alle landen zal een zachte lenteregen het bloed verdunnen en naar de riolen spoelen. Rivieren zullen rood kleuren en de zeeën roze, en het zal dagen duren voor de Aarde schoon is want de zondaren zijn talrijk en hun bloed veel. Niet één zondaar zal worden ontzien en zijn kinderen tot in de vierde generatie zullen onder toezicht staan. Wie onrecht bedrijft, bezoedelt en belast daarmee zijn nageslacht.

Wat zal de maat van je nageslacht zijn? Je mag denken in aantallen (je bent immers een mens) maar denk ook aan rechtvaardigheid en aan ma'asíem tovíem – aan goede daden – en aan het bijdragen aan de verzachting van het lijden van de mensheid en van het lijden van de andere schepselen ónder de mensheid. Elk mens moet leven alsof de wereld speciaal voor hem geschapen werd en op alleen zijn bijdrage aan haar toekomst wacht. De maat van je nageslacht wordt door jou bepaald: door jouw woorden en jouw daden vorm je het karakter van je kinderen. Jouw voorbeeld zal hen inspireren.

Jehosjóea zal het opperbevel voeren

De ram
Regeert de knieën
Van de strijder,
Die niet knikken zullen

Hij die zal verlossen, de zoon van Noen: hij die Kná'an bevrijdde van de vreemde volkeren die het bezet hielden, hij zal nu het Land schonen van onrecht en van ongerechtigheden en hij zal de Aarde bevrijden uit de klauwen van de onrechtvaardigen. Jehosjóea – hij die zal verlossen.

Veel tirannen hebben getracht het priestervolk en haar geloof te vernietigen maar zij kwamen niet verder dan haar lichamen en haar boeken. Haar zielen waren immers in de Hemelen en voor de slachters onbereikbaar? En haar geschiedenis was onomkeerbaar en al even onaantastbaar: zelfs al zou het gewijde volk opgehouden hebben te bestaan, dan nog zou zij HEBBEN bestaan.

Toen rabbi Chanán-Jah ben Teradion door de Romeinse bezetters in een Torárol werd gewikkeld en in brand gestoken, riep hij tot zijn leerlingen: "Ik zie de rol branden maar de letters komen los en zweven op naar de Hemelen: het heidense vuur kan hen niet schaden!"

Rabbi Isráel zal zorgen

De kreeft
Regeert de borstkas
Van de strijder,
En waakt, dat deze niet beklemd zal raken

Hij die de Goede Naam beheerste en alle nachten op naar de Hemelen vloog; hij die de werkingen van alle kruiden kende en zijn bezoekers wist te verlossen van hun kwalen en verdriet; hij die ons volk verloste van de onderdrukking van binnenuit door ons te leren, dat zelfs wie de Koning van Israël dient door slechts in zijn handen te klappen, door Hem zal worden beloond: hij zal de zuiverende zielen vergezellen en hen verzoenen met hun lot. Hij zal hen troosten.

Welke troost zal hij bieden? Zal hij zeggen, dat de gruwelen die de zielen op Aarde zullen aanrichten, geen gruwelen zijn? Dat zou geen troost zijn maar een leugen. Hij zal hen zeggen dat er 'één brerá – geen alternatief' is. En dat de Eeuwige in Zijn hoogverheven wijsheid zo heeft besloten, dat de gruwelijkheden die zij zullen begaan, gruwelijkheden van de Schepper zijn, en op Hem vertrouwen alle zielen.

Rabbi Okév-Jah zal orde scheppen

De stier
Regeert nek, keel en oren
Van de strijder

De mens is een ziel in een voertuig, de mens is een spiritueel wezen. De ziel bestuurt het voertuig. Wanneer het lichaam een misdrijf begaat, is de ziel schuldig. Daarom is de doodstraf voor het lichaam zowel oneerlijk als ondoelmatig. De ziel wordt door de doodstraf niet verbeterd, en het is nu juist verbetering dat wij moeten nastreven – niet vernietiging.

Wanneer het lichaam zondigt, komt dat door de verwarring van de ziel: het misdrijf en de zonde zijn uitingen van de worsteling van de ziel met het bestaan.

Steun aan de ziel, genezing of zelfs verlossing, ligt in het gebed, want dat ijkt en richt de ziel. De geleerden van ons Volk besteden al eeuwenlang grote zorg aan het kiezen en samenstellen van de juiste teksten voor gebed. De gebeden van ons Volk leren hoe wij zijn ontstaan en hoe groot de trouw van de Schepper aan Zijn schepselen is, door alle generaties heen.

De ziel spiegelt zich aan de woorden en daden van de Heilige, geprezen is Zijn Naam, en aan de gedachten en emoties van onze stamouders, die Hem persoonlijk kenden.

    De spil en kern van al onze gebedsdiensten is het Sjemá: "Je moet van de Eeuwige houden met heel je hart, heel je ziel en al je kunnen." Dit komt zelfs de Jood niet aanwaaien, maar het dagelijks gebed leert het ons. Het kweekt onze liefde voor Hem, door Zijn goedheid te bezingen; het plant in onze harten het besef van Zijn almacht, door Hem om Zijn werken te roemen; het wekt ons verlangen Hem aan te kleven: niets dan Zijn wil te doen en met Hem innig verbonden te zijn.

> Van wie aandachtig en oprecht bidt,
> zal de ziel zacht en zuiver zijn:
> hij zal nooit een zonde begeren

en nooit een mitswe negeren.
Bidt, want wie niet bidt, zal nimmer leven:
Het gebed is adem voor de ziel.

Rabbi Sjaltièl zal de troepen leiden

De waterman
Regeert de enkels
Van de strijder

Waar de troepen gedaan zullen zijn met hun gruweltaak, zullen de strijders hun zwaarden in hun scheden steken en hun paarden bestijgen. Rabbi Sjaltièl zal hen dan richten op het opsporen van alle kinderen van Pinchás, die de zoon was van Eleazár, die de zoon was van Aharón, die de broer was van Mosjé de Leraar. Pinchas was de vader aller Kohaníem en mijn strijders zullen zijn kinderen naar Jeruzalem brengen, meerijdend op hun Hemelse paarden.

Op de Har Moríe-Jah, Har Beet Ha Mikdásj, de Tempelberg zal rabbi Sjaltièl de zonen en de dochters onderrichten in de rituelen van de Tempel en hij zal hen indelen en hen uitsturen om priesters te zijn voor alle volkeren. Dan zal in Jeruzalem een Hogepriester worden aangesteld.

Rabbi El'azár zal als eerste slaan

De leeuw
Regeert hart en bloed
Van de strijder

"Waarom ik als eerste?!", vroeg rabbi El'azár droef.
"Omdat jij zonder zonde bent", antwoordde ik.
"Nah!", protesteerde rabbi El'azár, "ik zonder zonden?! Ha! Zal ik even een lijstje maken? Ik was niet nederig, ik aanvaardde eerbetuigingen…"
Ik wees zijn protest af: "Dat waren geen zonden, maar karakterzwakheden. Elk mens heeft zwakheden maar niet elke mens is een zondaar… Jij hebt berouw zelfs over je zwakheden en een zonde heb je nooit begaan, dus jij zult als eerste slaan."

Rabbi Náchman zal waken

De schorpioen
Regeert genitaliën
en rectum
Van de strijder

Rabbi Náchman zal vreugde brengen in de harten van de strijders: zij zullen beseffen dat het goed is de kwaden te doden, dat het goed is het kwaad in de mens uit te roeien, dat het goed is het vonnis te voltrekken. Hij zal hen aanmoedigen te zingen tijdens de voltrekking van het vonnis, want het is goed te doden wie opstaat tegen de Eerste – de Laatste – de Enige!

Zo zei de wijze over de strijd tegen al dat duister is: "Wie in het volle licht staat, werpt geen schaduw!" Zoek het licht van de Torá. Zoek de liefde van de Eeuwige in al wat je doet en in elke plek die je bezoekt. Dan zul je geen schaduwen werpen.

De Leta'áh zal verspieden

De maagd
Regeert de ingewanden
Van de strijder

Ouder dan de mens is de Leta'áh, een dinosaurus die in elk klimaat gedijt. Op zijn korte pootjes zal hij zijn onderbuik over de grond slepen, met zijn spitse staart achter zich in het stof. Klein, vlug en onbespeurd zal hij overal komen en alles zien. In meervoud zal hij in alle landen komen: in alle poelen, in alle velden, tussen de struiken in alle tuinen, achter de kastjes in alle keukens, in de hoeken van alle badkamers – overal zal hij toekijken en toehoren. Gestaag zal hij de strijders informeren wie zich waar verborgen houdt, want hij kan door de smalste spleten kruipen en tot in de diepste grotten doordringen.

Amós zal spreken

De tweeling
Regeert longen, armen en vingers
Van de strijder

Hoort dit woord, dat de Eeuwige over u spreekt, gij Israëlieten, over het ganse geslacht dat Ik uit het land Egypte heb gevoerd: U alleen heb Ik gekend uit alle geslachten van het aardrijk; daarom zal Ik al uw ongerechtigheden aan u bezoeken. Gaan er twee tezamen, zonder dat zij het eens geworden zijn? Brult een leeuw in het woud, zonder dat hij prooi heeft? Laat een jonge leeuw zijn gegrom horen uit zijn hol, tenzij hij iets heeft gevangen? Schiet een vogel neer op het klapnet op de aarde, zonder dat er een lokaas voor hem is? Vliegt het klapnet op van de grond, zonder dat het iets vangt? Wordt de bazuin in een stad geblazen, zonder dat de inwoners opschrikken? Geschiedt er een ramp in een stad, zonder dat de Eeuwige die bewerkt? Voorzeker, de Eeuwige doet geen ding, of Hij openbaart zijn raad aan zijn knechten, de profeten. De leeuw heeft gebruld, – wie zou niet vrezen? De Eeuwige heeft gesproken, – wie zou niet profeteren?

> Hoort dit woord, dat Ik over u aanhef,
> een klaaglied, huis Israëls:
> Gevallen is zij, zij zal niet weer opstaan
> de jonkvrouw Israëls,
> nedergeworpen ligt zij op haar bodem,
> niemand richt haar op.
> Want zo zegt de Eeuwige:
> De stad die met duizend uittrekt,
> zal er honderd overhouden,
> en die met honderd uittrekt,
> zal er tien overhouden voor het huis Israëls.

Hij zeide: De Eeuwige brult uit Tsiejon en uit Jeruzalem verheft Hij zijn stem, zodat de weiden der herders treuren en de top van de Karmel verdort.

Zo zegt de Eeuwige: Om drie overtredingen van Damascus, ja om vier, zal Ik het niet herroepen. Omdat zij Gil'ád met ijzeren dorssleden gedorst hebben, zal Ik vuur werpen in Hazaèl's huis, zodat het Benchadád's burchten verteert, en zal Ik de grendel van Damèsjek verbreken, en de inwoners uitroeien uit Bik'át-Awèn, en de scepterdrager uit Bet-Èdden, en Arám's bevolking zal in ballingschap gaan naar Kir, – zegt de Eeuwige.

Zo zegt de Eeuwige: Om drie overtredingen van Gaza, ja om vier, zal Ik het niet herroepen. Omdat zij een gehele bevolking hebben weggevoerd om die aan Edóm uit te leveren, zal Ik vuur werpen binnen de muur van Gaza, zodat het zijn burchten verteert, en zal Ik de inwoners uit Asjdód uitroeien en de scepterdrager uit Asjkelón, en zal Ik mijn hand keren tegen Ekrón, zodat de rest der Filistijnen te gronde gaat, – zegt de Eeuwige.

Zo zegt de Eeuwige: Om drie overtredingen van Tyrus, ja om vier, zal Ik het niet herroepen. Omdat zij een gehele bevolking aan Edóm hebben uitgeleverd en aan geen broederbond hebben gedacht, zal Ik vuur werpen binnen de muur van Tyrus, zodat het zijn burchten verteert.

Zo zegt de Eeuwige: Om drie overtredingen van Edóm, ja om vier, zal Ik het niet herroepen. Omdat hij zijn broeder met het zwaard heeft vervolgd en zijn medelijden heeft verstikt, zodat zijn toorn eeuwig verscheurt en hij zijn gramschap immer blijft koesteren, zal Ik vuur werpen in Teman, zodat het Bosra's burchten verteert.

Zo zegt de Eeuwige: Om drie overtredingen der Ammonieten, ja om vier, zal Ik het niet herroepen. Omdat zij de zwangere vrouwen van Gil'ád hebben opengereten, ten einde hun eigen gebied uit te breiden, zal Ik een vuur ontsteken binnen de muur van Rabbá, zodat het zijn burchten verteert, onder krijgsgeschreeuw ten dage van de strijd, bij stormgehuil ten dage van de orkaan, en hun koning zal in ballingschap gaan, hij samen met zijn vorsten, – zegt de Eeuwige.

Zo zegt de Eeuwige: Om drie overtredingen van Moáv, ja om vier, zal Ik het niet herroepen. Omdat hij het gebeente van Edóm's koning tot kalk verbrand heeft, zal Ik vuur werpen in Moáv, zodat het Keriót's burchten verteert, en omkomen zal Moáv in het slaggewoel, onder krijgsgeschreeuw, bij trompetgeschal, en Ik zal uit zijn midden de heerser uitroeien en al zijn vorsten met hem doden, – zegt de Eeuwige.

Zo zegt de Eeuwige: Om drie overtredingen van Juda, ja om vier, zal Ik het niet herroepen. Omdat zij de wet des Eeuwigen verwierpen en zijn inzettingen niet onderhouden hebben, maar hun leugengoden, die hun vaderen reeds achternaliepen, hen hebben verleid, zal Ik vuur werpen in Juda, zodat het Jeruzalems burchten verteert.

Zo zegt de Eeuwige: Om drie overtredingen van Israël, ja om vier, zal Ik het niet herroepen. Omdat zij de rechtvaardige voor geld verkopen en de arme om een paar schoenen –zij die ernaar snakken, dat stof van de aarde zij op het hoofd der geringen, en die de weg der weerlozen ombuigen; en een man en zijn vader gaan naar hetzelfde meisje, om mijn heilige naam te ontwijden; op verpande kleren strekken zij zich uit naast elk altaar, en de wijn der beboeten drinken zij in hun godshuizen; en Ik had nog wel de Amoriet verdelgd voor hun aangezicht, al was hij dan hoog als de ceders en sterk als de eiken; ja Ik roeide zijn vrucht uit van boven en zijn wortels beneden; en Ik had u nog wel uit het land Egypte gevoerd en u veertig jaren in de woestijn geleid, opdat gij het land der Amorieten in bezit zoudt nemen; en uit uw zonen verwekte Ik er tot profeten en uit uw jongelingen tot nazireeërs. Is dat soms niet zo, gij Israëlieten? luidt het woord des Eeuwigen. Maar gij gaaft de Nazireeërs wijn te drinken en geboodt de profeten: Gij moogt niet profeteren! Zie, Ik maak dat het onder u zal kraken, gelijk een wagen kraakt van garven overvol. Dan zal aan de snelle de vlucht afgesneden zijn, de sterke zal zijn kracht niet kunnen ontplooien en de krijgsheld zal er het leven niet afbrengen. Ook de boogschutter zal niet standhouden en de snelvoetige zal niet ontkomen en de ruiter zal er het leven niet afbrengen. Ja, de kloekhartigste onder de helden zal te dien dage naakt wegvluchten, luidt het woord des Eeuwigen.

Te dien dage zal het geschieden, luidt het woord van de Eeuwige, dat Ik op de middag de zon zal doen schuilgaan en bij klaarlichte dag het land in het donker zal zetten. Dan zal Ik uw feesten in rouw verkeren, en al uw liederen in klaagzang. Dan zal Ik rouwgewaad brengen op alle heupen en kaalheid op elk hoofd. En Ik zal het maken als de rouw over een eniggeborene en het einde ervan als een bittere dag.

God zal Zich tonen

De mens zal vrezen met grote vrees en hij zal radeloos vluchten en zich verstoppen. Ongeboren, onbesmette zielen zullen in zijn woning oordelen en bestraffen. Zij zullen in zijn straten door het bloed waden. Bij elk lijk zal een engel verschijnen, die zal zorgen dat de dode respectvol zal worden weggedragen. Dan zullen auto's branden en verwaande gebouwen vallen van hun funderingen en de mens zal niet langer schuilplaatsen kennen. Zal dan niet in dat uur der wanhoop God zich tonen aan de mens? Zal dan niet de Almachtige komen om te troosten en gerust te stellen? Het zal immers niet het Einde der Tijden zijn, maar juist een nieuw begin. De Aarde zal niet branden, tering en tyfus zullen niet uitbreken. De bomen zullen vrucht dragen en de gewassen op het land zullen rijpen. De koeien zullen werpen en melk geven en de bijen zullen in grote zwermen hun heilig werk verrichten ten behoeve van God's getrouwen.

Zeker, fabrieken zullen ontploffen en wolkenkrabbers zullen in stofwolken uiteenvallen, maar de regen zal de vuren doven en de straten wassen. De Vader van Israël zal op Aarde wandelen ten behoeve van Zijn getrouwen en de mens zal zien dat het goed is.

Boogschutter

*De boogschutter
Regeert de dijen
van de strijder*

De boogschutter heeft geen naam, hij is slechts een werktuig in de handen van de generaals. Een half werktuig maar, zijn boog is de eerste helft.
Nadat de slacht zal zijn volbracht zal een regencirkel de Aarde omspannen. De boogschutter zal dan een pijl afschieten die luid langs de boog zal suizen en boven alle volkeren zal verschijnen.
De mensheid zal opkijken en zich verward afvragen: "Dat was toch het teken van het verbond tussen God en Nóach? God had toch beloofd nooit weer een zondvloed te sturen? Wat was dit dan?! Wat zijn dan al die putten vol met lijken?! Is dit dan geen massavernietiging?!" Dan trekken de zielen zich terug van de Aarde en de pijl valt. Dit is een teken dat de strijd is beslist en beëindigd. De angst zal afnemen, want wie nog leeft zal niet sterven.
Er zal verdriet zijn, want ook zondaren werden bemind, immers, niet alle zondaren waren verfoeilijk in de ogen van hun naasten. Er zal gerouwd worden. Maar ook zal er gefuifd worden, want oplichters, dieven, onderdrukkers en moordenaars zullen zijn weggevaagd. Hele volkeren zullen opgelucht ademhalen.
    Het schot van de schutter zal dit alles in werking stellen en hij weet nu al wanneer hij schieten zal.

Rabbi Mosjé ben Sjemtov zal verplegen

De vissen
Regeren de voeten
Van de strijder

De Glans die over de schepping ligt, heeft nog niets van zijn betovering verloren. De Gloed die de Aarde omgeeft, verwarmt nog immer. De pastoor zal rondgaan onder de volkeren om de mensen te helpen hun verliezen te verwerken. De verdwaasden zijn voor rabbi Mosjé, de zielen voor rabbi Náchman.

De eerste week zal een week van weeklagen en wenen zijn. De rouwenden zullen op kussens op de grond zitten. De rechtvaardigen zullen rondgaan en de doden bedekken met grond en stenen.

De volgende drieëntwintig dagen zullen door de rouwenden besteed worden aan het op orde brengen van hun leven. Nalatenschappen en woonruimten zullen worden verdeeld, relaties opnieuw ingericht.

Dan zullen de Joodse priesters arriveren in alle steden en dorpen en alle inwoners bijeenroepen voor de dienst aan de Eeuwige. Allen zullen leren Hem hun gebeden te offeren. Allen zullen de Schepper danken voor de schepping en de Rechter loven om Zijn oordeel.

Tenslotte zullen de Hemelen zich openen en de liefde van de Vader zal in al Zijn kinderen stromen.

De zwaarden zullen klieven

Onder het schallen van de sjofaríem rijd ik aan het hoofd van de troepen door de Hemelpoort naar buiten. Al snel is de stoet schier eindeloos, want hoe dichtbevolkt ook de Aarde moge lijken, in de Hemelen wonen nog meer zielen dan daar beneden. Wanneer ik al door de wolken boven Jeruzalem breek, ligt het einde van de streng van zielen nog altijd in de Hemelen. "O, mijn lieve God!", schreeuw ik vertwijfeld, "het móet gebeuren, dat weet ik, maar het doet mij zó'n pijn!" De zielen achter mij herhalen mijn schreeuw: "...zó'n pijn!" en in de straten van Jeruzalem houden de mensen stil en kijken bevreemd omhoog. Wij dalen af in onze grote massa en de mensen onder ons vluchten uit de straten, huizen binnen en winkels in. Auto's worden midden op de weg door chauffeurs verlaten, bussen stoppen en lopen leeg terwijl de reizigers een schuilplaats zoeken.

Ik land op het Tempelplein, waar mijn gekozenen al wachten. Daar vangen de Hemelse zielen aan met het kuisen van de Tempelberg Moríe-Jah. Met getrokken zwaarden dalen zij af in de Islamitische gebedsruimten en oordelen de gillende aanwezigen één voor één. Wie zondig is en verstokt wordt langsachter bij het hoofd gegrepen en met één haal geslacht zonder teken van mededogen. Wie vrij van zonden is of oprecht berouw heeft, wordt naar boven gestuurd en krijgt de opdracht de berg te verlaten.

Meer en meer zielen dalen neer. Mijn verkozenen stellen hun troepen samen en vertrekken naar de hun toegewezen gebieden om hun taken uit te voeren.

Stuk voor stuk worden de wijken van de Oude Stad gezuiverd, daarna de uitbreidingen. Mijn zielen zwermen uit langs wegen en door straten en over pleinen, door stegen en binnenplaatsen, door gangen en trappenhuizen, tot in schuilkelders en tot op daken. Ieder mens wordt geoordeeld, niet één ontsnapt.
Waar de zielen gedaan zijn, verschijnen engelen die overlevenden aanwijzen om de doden te ruimen. Zij wijzen valleien buiten de stad aan tot stortplaatsen. Overlevenden spreken wenend de engelen aan: "Waarom moesten al die mensen dood?! Hij en zij… en die… Dat waren toch geen onverbeterlijke misdadigers?!" De engelen geven elk hetzelfde antwoord: "Om het leven in de Herstelde Wereld te verdienen, moest een mens zijn naaste onvoorwaardelijk eerbiedigen, zijn kinderen opvoeden tot zorgvuldigheid in al hun daden en hen doen leren in de scholen van geleerden. De mens moest de Almachtige vrezen zoals hij zijn medemens

vreesde, opdat hij net zomin een zonde zou begaan in het geheim, wanneer alleen de Eeuwige hem kan zien, als in het openbaar voor het oog van zijn naaste. Nu wordt de mens gewogen en wie tekort geschoten is, zal vandaag nog sterven."

Dan vraagt een Jood : "Moeten nu dan niet alle gojíem dood?! Alle aanhangers van afgoden?!" Daarop antwoordt een engel: "Is het dan een halsmisdrijf misleid te zijn? Zij die beter wisten en anderen voorgelogen hebben om hen te doen geloven in valse goden... **zíj** zullen boeten met hun leven."

God's wrekende zielen zijn gedaan in Groot Jeruzalem en zij trekken naar Chevrón, Jericho, Sjchem en Jaffo en onderweg slaan hun zwaarden in alle dorpen en stadjes. De zondaren zijn talrijk. Zij hebben eigendommen gestolen en klanten bedrogen, dieren verkracht en kinderen aangerand, de verzekering opgelicht, brand gesticht. Zij hebben zelfs gelasterd en gemoord.
Nog altijd dalen zielen neer en steeds verder van de Berg doen zij hun werk: Jehosjóea ben Noen zendt hen naar het noorden en naar het zuiden, naar het oosten en naar het westen, naar Ammán en Baghdad, naar Damèsjek en Ankara, naar Kreta en Kafrisíen, naar Akaba, Koeweit en Alexandrië. Naar Pakistan en Ceylon, naar al het land tussen Moskou en Parijs, naar Marokko en Spanje en naar Ethiopië en Kongo. China wordt bereikt, Scandinavië tot aan de Noordpool, Noord- en Zuid-Amerika, Zuid-Afrika, Australië en Nieuw-Zeeland, de beide Polen... Er is op de hele Aarde niet één plaats schoon van zonde!

Tijdens de slachting regent het onophoudelijk maar de wrekende zielen blijven droog en schoon: de neerslaande regendruppels doen het vergoten bloed hoog opspatten maar het slagerskleed blijft wit. Korte zwaarden snijden slagader en luchtpijp door in één snelle haal: sterven moeten de zondaren, maar zij hoeven niet te lijden.

Rabbi Sjiem'ón bar Jochái zei:
"Indien je in het Land Israèl steden ziet die tot op hun fundering zijn verwoest, weet dan dat dat is omdat zij niet zorgden voor loon voor de leraren van de bijbel en de traditie. Zo zegt Jirme-Jáh : Omdat zij Mijn Leer verlieten".

"Vergeef hen want zij hebben berouw!"

"Wanneer de slechten in vrees verkeren, zijn zij onderdanig en meegaand, maar zodra hun vrees vervliegt, keren zij terug tot hun misdaden."
"Is er dan geen redding mogelijk ?!"
"Rabbi Eel'azár ben Pdat zei: 'Een vonnis van de Opperrechter kan op drie wijzen ontkracht worden, namelijk door gebed, door hulp aan de behoevenden en door berouw.' Welnu, berouw in het zicht van de beul is geen berouw maar doodsangst, hulp aan de behoevenden zal verleend worden door de Verlosser en de Rechter heeft Zijn oren gesloten voor de vleiers.' Zo zei de wijze uit naam van zijn leraren, zichronám livrachá – hun nagedachtenis zij ons tot zegen."

In alle landen jagen zielen op de bedriegers van de gelovigen. De Eeuwige had lang tevoren gesproken: "Niet één van hen zal ontvluchten, niemand van hen zal ontkomen. Al groeven zij door tot in het dodenrijk, Mijn hand zou hen vandaar weghalen; al klommen zij op ten hemel, Ik zou hen vandaar omlaag trekken! Al verscholen zij zich op Karmels top, Ik zou hen daar opsporen en weghalen; al verborgen zij zich voor Mijn ogen op de bodem der zee, Ik zou vandaar een slang gelasten hen te bijten! Al gingen zij voor hun vijanden uit in gevangenschap, Ik zou vandaar het zwaard gelasten hen om te brengen. Zo richt Ik op hen Mijn oog ten kwade en niet ten goede. Ja, de Here, de Heer der heerscharen, die de aarde aanroert en zij wankelt, zodat al wie erop wonen jammeren, en zij geheel en al oprijst als de Nijl, en inzinkt als de rivier van Egypte; die in de hemel Zijn opperzalen heeft gebouwd en Zijn gewelf op aarde heeft gegrondvest, die het water der zee heeft opgeroepen en uitgegoten over de oppervlakte der aarde – Hij-die-was-en-is-en-zal-zijn is Zijn Naam."

De verleiders worden bijeen gedreven op pleinen en gedwongen hun bedrog in het openbaar op te biechten. Daarna worden zij geslacht. In Rome splijt de grond en verzwelgt met veel geraas het Vaticaan. Vluchtschepen slaan om in zeeën en zinken. Zich weg haastende vliegtuigen storten reddeloos door wolken neer. De Aarde schudt, scheurt en verkruimelt. Oceanen worden plots doorwaadbaar en woestijnen vullen zich met diepe wateren. Vissen spartelen op het droge en kamelen verdrinken, niets is nog als voorheen. Toch: het is het einde niet, maar het begin.

De zielen van rabbi Mosjé gaan in het Heilige Land van stad tot stad en van dorp tot dorp en troosten het nageslacht van de zondaren. Niet al het nageslacht heeft verdriet: er zijn vrouwen en kinderen die zich opgelucht tonen nu hun boze huisvader dood is. Om de dood behoeven zij geen troost, maar wel om het lijden dat te lang voortduurde. Zij zijn blij met de geruststelling dat het hen aan niets zal ontbreken: de Aarde zal alle honger stillen.

Har Megiddó

Onder de baai van Akko rijst het Karmélgebergte uit de zee. Vandaar loopt het naar het zuidoosten. Het strekt een linkerarm naar de ruïnes van Meġiddo: dit zijn de bergen van Menasjé. Het Karmélgebergte is de muur tussen Egypte en Assyrië. Sinds oude tijden voert slechts één weg door die bergen: de Weg naar de Zee. Die weg werd beheerst door een Kna'aníetisch garnizoen in Meġiddo. Aan de voet van die versterkte stad brak de derde farao Toetmósis de Kna'aníetische weerstand en daarna veroverde hij alle honderdennegentien steden in Kná'an.

De bijbel van de Romeinen, dat aftreksel van de Heilige Geschriften, heeft geprofeteerd:

En ik hoorde een luide stem uit de tempel zeggen tot de zeven engelen: Gaat heen en giet de zeven schalen van de gramschap Gods uit op de aarde.

En de eerste ging heen en goot zijn schaal uit op de aarde, en er kwam een boos en kwaadaardig gezwel aan de mensen die het merkteken van het beest hadden en die zijn beeld aanbaden.

En de tweede goot zijn schaal uit in de zee en zij werd bloed als van een dode, en alle levende wezens, die in de zee waren, stierven.

En de derde goot zijn schaal uit in de rivieren en in de waterbronnen en het water werd bloed.

En ik hoorde de engel der wateren zeggen: Rechtvaardig zijt Gij, die zijt en die waart, Gij Heilige, dat Gij dit oordeel hebt geveld.

Omdat zij het bloed der heiligen en der profeten vergoten hebben, hebt Gij hun ook bloed te drinken gegeven; zij hebben het verdiend!

En ik hoorde het altaar zeggen: Ja, Here God, Almachtige, uw oordelen zijn waarachtig en rechtvaardig.

En de vierde goot zijn schaal uit over de zon en haar werd gegeven de mensen te verzengen met vuur.

*E*n de mensen werden verzengd door de grote hitte en zij lasterden de naam van God, die de macht heeft over deze plagen, en zij bekeerden zich niet om Hem eer te geven.

*E*n de vijfde goot zijn schaal uit over de troon van het beest, en zijn rijk werd verduisterd, en zij kauwden op hun tong van pijn en zij lasterden de God des hemels vanwege hun pijnen en vanwege hun gezwellen en zij bekeerden zich niet van hun werken.

*E*n de zesde goot zijn schaal uit op de grote rivier, de Eufraat, en zijn water droogde op, zodat de weg bereid werd voor de koningen, die van de opgang der zon komen.

*E*n ik zag uit de bek van de draak en uit de bek van het beest en uit de mond van de valse profeet drie onreine geesten komen, als kikvorsen; want het zijn geesten van duivelen, die tekenen doen, welke uitgaan naar de koningen der gehele wereld, om hen te verzamelen tot de oorlog op de grote dag van de almachtige God.

*Z*ie, Ik kom als een dief. Zalig hij, die waakt en zijn klederen bewaart, opdat hij niet naakt wandele en zijn schaamte niet gezien worde.
En hij verzamelde hen op de plaats, die in het Hebreeuws genoemd wordt Har-Megiddo.

*E*n de zevende goot zijn schaal uit in de lucht en er kwam een luide stem uit de tempel, van de troon, zeggende: Het is geschied.

*E*n er kwamen bliksemstralen en stemmen en donderslagen, en er geschiedde een grote aardbeving, zo groot als er geen geweest is, sedert een mens op de aarde was: zó hevig was deze aardbeving, zó groot.

En de grote stad viel in drie stukken uiteen en de steden der volken stortten in.

En het grote Babylon werd voor God in gedachtenis gebracht, om daaraan de beker met de wijn van de gramschap zijns toorns te geven.

*E*n alle eilanden vluchtten weg en bergen werden niet (meer) gevonden.

En grote hagel(stenen), een talent zwaar, vielen uit de hemel op de mensen, en de mensen lasterden God vanwege de plaag van de hagel, want de plaag daarvan was zeer groot.

Dit alles is niet geschied, zoals eenieder kan getuigen. Het boek van de Romeinen kan worden weggeworpen: achteloos in de goot of welbewust tussen de lijken van de zondaren. De gieren zullen er niet aan pikken en de wormen zullen het niet verslinden: afgedankt en vergeten zal het langzaam wegrotten.

Waarom moesten al die mensen dood?

Voorheen werd gevraagd: "Waarom moeten mensen dood?" Daarop was het antwoord: "Omdat zij rust verdienen na hun lange zwoegen."
Nu aan het zondigen een einde is gekomen, vraagt men: "Waarom moesten al die mensen dood?" Hierop is het antwoord: "Zij verkozen de zonde boven het recht, de dood boven het leven."

De Schepper schiep de mens naar Zijn beeld: Hij schiep de mens met vrije wil. Wie de vrije wil juist aanwendt, zal het leven ten volle genieten.

Rabbi Okéév-Jah placht te zeggen: "Het is een teken van de overvloedige liefde van God voor de mens, dat Hij hem bekend maakte dat Hij geschapen is naar Zijn evenbeeld." Het is een zegening en een opdracht en een steun in de rug: immers goedheid is de mens aangeboren maar de verleidingen zijn groot.

Rabbi Okéév-Jah placht te zeggen: "Alles in de wereld is aan de Eeuwige in onderpand gegeven en de levenden zijn gevangen in een net. De winkel is open en verkoopt op de pof, maar de boekhouding is nauwkeurig. Wie lenen wil, die kan, maar de Schuldeiser zendt zijn inners en zij innen de schulden, of de schuldenaar het nu beseft of niet – hij betaalt. Hij kan zich op niets beroepen, want de Schuldeiser staat in Zijn recht. De tafel is gedekt, de maaltijd staat dampend klaar."

De mens is gehouden zijn kinderen te onderwijzen hoe zij de vrije wil ten goede zullen aanwenden. Wie daarin in gebreke blijft, zal worden voorgeleid als opstandeling.

Wie de vrije wil ten goede aanwendt brengt schoonheid en volmaaktheid in de wereld. Wie de vrije wil ten kwade aanwendt, veroorzaakt schade en vernietiging. Alleen de mens heeft het vermogen te leren hoe hij de juiste keuzes kan maken.

Stel je een landweg voor, ergens tussen twee dorpen. Zet op die landweg een landloper met versleten kleren en kapotte schoenen, met al zijn bezittingen in een bijeengeknoopte lap aan een stok over zijn schouder. Terwijl hij voortloopt, speuren zijn ogen de omgeving af op zoek naar iets eetbaars en iets bruikbaars. In zijn zakken heeft hij geen geld om te kopen wat hij nodig heeft, hij moet het doen met wat anderen afdanken of verliezen. Wat nu als hij al die tijd in zijn buidel aan zijn stok een zakje met goudstukken had, maar dat was vergeten? Hij zou rijk zijn, maar leven in armoede! Zo leeft de gemiddelde mens: hem is de vrije wil gegeven, maar hij leeft naar de omstandigheden, in een keurslijf van verwachtingen en conventies, en hij doet wat zijn omgeving hem mogelijk maakt. Hij gebruikt zijn vrije wil niet. Hij leeft niet maar láát zich leven. Anderen maken keuzes die zijn leven bepalen: heersers maken wetten die beperken, werkgevers bepalen scholing en loon, familieleden, vrienden, buren en collega's bepalen sociaal aanvaardbaar gedrag. De vrije wil geeft de mens enorme kracht en een bijna onbegrensd potentiaal, maar wanneer hij dit niet beseft... dan leeft hij als een hongerige dakloze, terwijl hij eigenlijk miljonair is!

Vrije wil is het vermogen ethische keuzes te maken: keuzes die leiden tot leven of tot dood. Tot vooruitgang of teloorgang. Te weinig mensen benutten hun vrije wil. In het gunstigste geval leefden zij in stilstand. Te veel mensen leefden alleen maar, zonder enig streven. Die wezenloosheid van de mens betekende bijna de ondergang van de gehele mensheid.

De Eerste Dagen van Jeruzalem

Nu alleen de goeden en de berouwvollen nog leven, is Jeruzalem een veilige stad. De bussen en trams rijden weer, maar alleen de lijnen naar en van de Tempelberg zijn druk. De fabrieken zijn rokende puinhopen, de hoge, stijve kantoortorens die niets dan pathetische demonstraties van mannelijkheid waren, werden omgeworpen. Alleen de voedselmagazijnen en de supermarkten staan nog en daar wordt gewerkt. De gemeentelijke burelen zijn stil en de ministeries zijn leeg: er is een nieuwe machthebber in de stad en in het land, maar de ambtenaren weten niet wat zijn wensen zijn. Valt er nog wel iets te besturen, nu de Hemelen de Aarde hebben overgenomen? Wie niet voor dieren moet zorgen en geen land hoeft te bewerken en wie geen voedsel hoeft te distribueren, is bij zijn dierbaren of onderweg naar hen of naar de Oude Stad. Verder zijn alle synagogen en alle leerhuizen overvol. Ook de kerken en de moskeeën zijn vol, maar daar zijn de mensen verward: hun leiders-verleiders zijn gedood en waarheen dan nog? Is dit alles nu het werk van de God van alle geloven, of uitsluitend van de God van Israël? In de Koran was het zo niet voorspeld en waarom was Jezus niet gekomen? Hadden de Joden dan toch gelijk of was er nog een toekomst voor Christendom en Islam?

Rabbi Okéév-Jah en zijn zielen daalden neer en wendden zich tot de misleiden van alle geloven en onderwezen hen de waarheid. Zij maakten hen bekend met de ware natuur van de enige God, die de Schepper van de werelden was en hen in beweging hield. De mensheid begreep, dat er nog slechts één geloof in één God mogelijk was: de God die zich geopenbaard had in Zijn oordeel. Toen verenigde de mensheid zich onder Zijn gezag.

Rabbi Náchman stuurde zijn zielen naar alle vreemde oorden om zorg te dragen voor wijs bestuur, maar zelf bleef hij in Jeruzalem en vestigde zich in de jesjievá van zijn volgelingen. Vol ontzag naderden zij hem en zij toonden hem zijn oude stoel uit Oemán, die zij hadden gerestaureerd en als een kostbaar juweel op een voetstuk hadden bewaard. Hij liet hen de stoel omlaag nemen en tussen andere stoelen zetten en nam toen pas plaats: het moest niet als een troon zijn, want alleen de Koning zal op een troon zitten.

De Tempel zal herrijzen

Zohar 1, 139a
De wederopbouw van de tempel zal voorafgaan aan de inzameling van de bannelingen in het land Jeruzalem.

Zohar 3, 220

De Eeuwige herbouwt Jeruzalem en Hij zamelt de verspreiden in.

Metatrón is mijn Naam. Buiten de grenzen van het Land klieven de zwaarden nog kuisend in het rond. Ondertussen sta ik al op Moríe-Jah en laat ik mannen aanrukken met zware werktuigen: stalen dinosaurussen die gretig de heiligdommen van de afgodendienaren verbrijzelen en het puin op hopen vegen. Vrachtwagens rijden af en aan. De stenen van het plein ruk ik uit en ik woel de lagen eronder los. De ruïne van Herodes' Tempel leg ik bloot en ik stuur de beesten weg. Dan roep ik Getrouwen van Israël op zich te legeren rond de Berg en zij komen met tienduizenden tegelijk. Nog diezelfde dag komen zij: Joden uit de steden aan de kust, uit de dorpen in de bergen en uit de oasen in de woestijn. De daken van de Oude Stad zijn vol mensen, de Olijfberg is geheel bedekt met vrouwen, mannen en kinderen. Dan trek ik van boven een straal licht, aanvankelijk zwak en dun, die neerdaalt tot tussen de stenen van het Heiligste der Heiligen. "De Sjechiená…!", mompelen-**zeggen-SCHREEUWEN** Gods getrouwen vol ontzag. Zij vallen op hun knieën en werpen zich neer. De lichtstraal uit de Hemelen wordt sterker en dikker. Ik sta nog altijd op de Berg, naast de kuilen waarin de brokstukken van Gods woning liggen. Het licht wordt sterker en staat als een pilaar waarop de Hemelen zelf zouden kunnen rusten. In de kuil verspreidt zich het licht en brokken muur en stukken van pilaren ontworstelen zich aan de grond en zoeken hun plaatsen op. Het is de Almachtige die Zijn Huis herbouwt! Nog eens tienduizenden getrouwen hebben zich op de heuvels rond de stad gezet en alle juichen en huilen, want de Sjechiená is eindelijk teruggekomen!

Chája staat in een dichte menigte tussen huizen in de Oude Stad, op de daken zijn geen plaatsen meer. Ze staat bovenaan een trap tegen een hek gedrukt en zij ziet het licht en ziet ook hoe de Tempelmuren herrijzen. Met haar hoofd en haar handen reikt zij naar de lichtstraal en zij roept de bukkende, knielende en liggende mensen onderaan de trap toe op te staan: "Sta op, Joden, de Koning van Israël is gekomen! Weest getuigen van Zijn komst!" De Joden durven niet: hebben onze geleerden en onze wijzen niet verteld dat het licht van de Sjechiená te sterk is voor de ogen van de mens? Alleen Chaja staat dan nog recht overeind met uitgestrekte nek en wijdopen ogen. Haar mond staat een weinig open alsof zij dit moment tot in haar longen opzuigen wil.

Een jonge man met slaaplokken roept opgewonden: "De kohaníem zullen de eredienst weer instellen! Wij zullen weer kunnen offeren aan de Heilige, geprezen is Hij!", maar Chaja werpt tegen: "Israël's eredienst was bij de Eeuwige gehaat. Hij sprak:
Ik haat, Ik veracht uw feesten, en kan uw samenkomsten niet luchten. Ja, als gij Mij brandoffers brengt, en uw spijsoffers, heb Ik daaraan geen welgevallen, en uw vredeoffer van mestkalveren wil Ik niet aanzien. Doe van Mij weg het getier van uw liederen, het getokkel van uw harpen wil Ik niet horen. Maar laat het recht als water golven, en gerechtigheid als een immer vloeiende beek. Dan zult u Mijn tevredenheid wekken."
Een vrouw in broek en t-shirt kijkt bevreemd op en vraagt: "Wie ben jij, meisje?" Chaja stelt zich bescheiden voor: "Chaja-Sarah, een dochter van rabbi Sjlomo HaKohèn en rabbaniet Dvorah. Uit de wijk Zichrón Mosjé, Birnbaumstraat 14." De vrouw glimlacht vanwege de compleetheid van het antwoord. "Je bent goed onderlegd in de profeten, Chaja-Sarah, heeft je vader de rabbijn je dat geleerd?" Chaja schudt aarzelend haar hoofd en zegt: "Ja, ook wel... maar ik onthoud gewoon alles. De profeet Amós, zijn nagedachtenis zij ons tot zegen, zei ook:
Gij, die de boze dag ver weg stelt, en de zetel van het geweld nabij brengt, die nederligt op ivoren bedden, en omhangt op uw divans, die lammeren uit de kudde opeet en kalveren midden uit de stal, die joelt bij het geluid van de harp, die gelijk David muziekinstrumenten voor u uitdenkt, die uit plengvaten drinkt, vol wijn, en met de voortreffelijkste olie u zalft, maar om de verbreking van Joseef u niet bekommert!
Dat betekent dat wij Joden ons niet moeten wentelen in luxe en ons daar zelfs niet om moeten bekommeren! Alleen om trouw aan onze God moet

het ons gaan!" De vrouw staat op en slaat haar armen om Chaja heen. Chaja beantwoordt de knuffel ruimhartig. De vrouw zegt: "Ik ben mijn hele leven seculier geweest en ik heb al die tijd met respect naar de vromen gekeken, maar jullie niet begrepen. Nooit dacht ik dat ik dit nog eens zou zeggen: Chaja-Sarah, je hebt gelijk: alleen onze trouw aan de God van Israèl doet er toe. De rest is ijdelheid!" Chaja glimlacht breed en vol vertrouwen: dat spreekt immers vanzelf?

Uren later komt zij thuis en treft haar vader vermoeid aan. Zij strijkt hem over zijn hoofd en kust hem op een wang. "Abba... In al onze generaties leefden wij ons leven zo vol en compleet als wij maar konden, maar wij verlangden naar de dood. Wij verlangden naar de scheiding tussen ziel en lichaam, zodat onze zielen in de Hemelen zouden komen en wij de Almachtige van Israèl van nabij zouden mogen ervaren. Maar nu zijn wij blij dat de Verlossing hier is en dat nu elk moment de Masjieach zal opstaan. Maar deze Verlossing is eigenlijk toch alleen maar een verlossing van het lichaam? De ziel is toch nog steeds gevangen in het lichaam en dus beperkt? De ziel is toch nog steeds ver van de Eeuwige?"

Rabbi Sjlomo zucht en vraagt zijn dochter: "Maar wat is het alternatief voor deze toestand? Dat alle mensenzielen gelost worden? Dat alle mensen sterven?"

Chaja trekt met haar schouders: "Dat sterven is zo erg toch niet? Dat zijn toch alleen maar de lichamen?"

"Jazeker, Chajele, maar de Schepper wilde de hele schepping, en met de mens als Zijn beheerder van al dat Hij schiep."

"Waartoe dan toch?! Is de Aarde dan God's poppenhuis? Is de mens dan Zijn speelgoed?"

"Luister goed, dochter, de Sjechiena, de liefhebbende en zorgzame God, heeft zich opnieuw gevestigd in de Tempel, hier op Aarde temidden van de levende mensen. En nu kan dan ook iedere ziel hier op Aarde de Eeuwige van nabij ervaren. De Sjechiena is hier, in onze stad zelfs, en haar licht verwarmt, verzacht, versoepelt, kalmeert en heelt!"

"Maar wat is dan toch de bedoeling achter de schepping? Waarom schiep God de planeten? En waarom de Aarde en de planten en de dieren? Voor God het heelal schiep was Hij er toch alleen maar? Hij was toch alles en alles was toch volmaakt? Dan was er toch geen enkele reden iets te veranderen?! En al helemaal geen reden iets buiten Hem te scheppen..."

Rabbi Sjlomo neemt vol genegenheid en vol respect de handen van zijn dochter in zijn handen. Hij zegt: "Van vele van God's handelingen en

uitspraken kennen wij de redenen niet, lieverd. Wij kunnen niets anders dan ze aanvaarden zoals zij zijn."
"Tov, tot de Eeuwige ze zelf aan ons verklaart... Maar daar is het nu dan toch mooi tijd voor?"
"En misschien heeft de Eeuwige nog niet een Mond gevonden, die namens Hem zal spreken? Een profeet?"
"Niet zomaar een profeet, abba, maar de Masjieach! Die zal ons alles onthullen!"
"Geef mij de TaNáCH eens aan, lieve dochter. Daarin staat al dat de Masjíeach, moge hij spoedig opstaan, ons zal brengen."

Jesjajáh 1:26:
Ik breng je rechters en raadgevers tot inkeer,
het zal weer worden als voorheen.
Dan zul je deze namen dragen:
'Stad van gerechtigheid', 'Stad van trouw'.

Jesjajáh 1:27:
Tsiejon zal verlost worden door recht
en wie zich bekeert door gerechtigheid.

Jesjajáh 2:2-5:
Eens zal de dag komen dat de berg
met de tempel van de Eeuwige rotsvast zal staan,
verheven boven de heuvels, hoger dan alle bergen.
Alle volken zullen daar samenstromen,
machtige naties zullen zeggen:
'Laten we optrekken naar de berg van de Eeuwige,
naar de tempel van Ja'akóv's God.
Hij zal ons onderrichten, ons de weg wijzen,
en wij zullen zijn paden bewandelen.'
Vanaf de berg Tsiejon klinkt zijn onderricht,
vanuit Jeroesjalájiem spreekt de Eeuwige.
Hij zal rechtspreken tussen de volkeren,
over machtige naties een oordeel vellen.
Zij zullen hun zwaarden omsmeden tot ploegijzers
en hun speren tot snoeimessen.
Geen volk zal nog het zwaard trekken tegen een ander volk,

geen mens zal meer weten wat oorlog is.
Nakomelingen van Ja'akov, kom mee,
laten wij leven in het licht van de Eeuwige.

Jesjajáh 2:17:
Wie hoogmoedig was, buigt het hoofd,
wie trots was, bijt in het stof.
Want de dag komt
dat **alleen** *de Eeuwige hoog verheven is.*
"Alle volkeren zullen zich onderwerpen aan de enige God."

Jesjajáh 11:1-12:
Maar uit de stronk van Jiesjái schiet een telg op,
een scheut van zijn wortels komt tot bloei.
De geest van de Eeuwige zal op hem rusten:
een geest van wijsheid en inzicht,
een geest van kracht en verstandig beleid,
een geest van kennis en ontzag voor de Eeuwige.
Hij ademt ontzag voor de Eeuwige;
zijn oordeel stoelt niet op uiterlijke schijn,
noch grondt hij zijn vonnis op geruchten.
Over de zwakken velt hij een rechtvaardig oordeel,
de armen in het land geeft hij een eerlijk vonnis.
Hij tuchtigt de aarde met de gesel van zijn mond,
met de adem van zijn lippen doodt hij de schuldigen.
Hij draagt gerechtigheid als een gordel om zijn lendenen
en trouw als een gordel om zijn heupen.
Dan zal een wolf zich neerleggen naast een lam,
een panter vlijt zich bij een bokje neer;
kalf en leeuw zullen samen weiden
en een kleine jongen zal ze hoeden.
Een koe en een beer grazen samen,
hun jongen liggen bijeen;
een leeuw en een rund eten beide stro.
Bij het hol van een adder speelt een zuigeling,
een kind graait met zijn hand naar het nest van een slang.
Niemand doet kwaad, niemand sticht onheil
op heel mijn heilige berg.

Want kennis van de Eeuwige vervult de aarde,
zoals het water de bodem van de zee bedekt.
Op die dag zal de telg van Jiesjái
als een vaandel voor alle volken staan.
Dan zullen de volken hem zoeken
en zijn woonplaats zal schitterend zijn.
Op die dag heft de Heer opnieuw zijn hand op
om de overlevenden van zijn volk vrij te kopen
uit Assyrië en Egypte,
uit Patros, Nubië en Elam,
uit Sinear en Chamat, en van de eilanden in zee.
Dan steekt hij een vaandel op voor de volken.
Hij brengt bijeen wie uit Israèl verdreven waren,
de vluchtelingen uit Jehoeda brengt hij samen,
van de vier uiteinden van de aarde

Jesjajáh 25:7-9:
Op deze berg vernietigt hij het waas
dat alle volken het zicht beneemt,
de sluier waarmee alle volken omhuld zijn.
Voor altijd doet hij de dood teniet.
God, de Eeuwige, wist de tranen van elk gezicht,
de smaad van zijn volk neemt hij van de aarde weg
– de Eeuwige heeft gesproken.
Op die dag zal men zeggen: 'Hij is onze God!
Hij was onze hoop: hij zou ons redden.
Hij is de Eeuwige, hij was onze hoop.
Juich en wees blij: hij heeft ons gered!'
"De volkeren zullen inzien dat de Kinderen Israèl's gelijk hadden. En niemand zal nog sterven!"

Jesjajáh 26:19:
Ontwaak, jullie daar in het stof, en jubel!
Uw dauw is een dauw die leven geeft,
de aarde brengt haar schimmen weer tot leven.
"Dit is de opstanding der doden."

Jesjajáh 51:3:
De Eeuwige troost Tsiejon,
hij biedt troost aan haar ruïnes.
Hij maakt haar woestenij aan Édden gelijk,
haar wildernis wordt als de tuin van de Eeuwige..
Het zal een oord zijn van vreugde en gejuich,
waar muziek en lofzang klinken.

Jesjajáh 51:11:
Wie door de Eeuwige zijn bevrijd, keren terug.
Jubelend komen zij naar Tsiejon,
gekroond met eeuwige vreugde.
Gejuich en vreugde trekken de stad binnen,
gejammer en verdriet vluchten eruit weg.

"Dit is de inzameling van onze, onder de volkeren verstrooide broeders."
"En zusters, abba!"

Jesjajáh 53:1-2:
Wie kan geloven wat wij hebben gehoord?
Aan wie is de macht van de Eeuwige geopenbaard?
Als een loot schoot hij op onder Gods ogen,
als een wortel die uitloopt in dorre grond.
Onopvallend was zijn uiterlijk,
hij miste iedere schoonheid,
zijn aanblik kon ons niet bekoren.
"Dit wil dus zeggen, dat de Masjieach geen opvallend persoon zal zijn, en geen bekendheid."
"En geen schoonheid!"

Jechezkéél 39:9:
Dan zullen de Israëlieten uit hun steden komen om de wapens als brandhout te gebruiken; zeven jaar zullen ze vuur kunnen stoken van de grote en kleine schilden, de bogen en de pijlen, de stokken en de lansen. Omdat ze daarmee vuur kunnen stoken, hoeven ze geen takken te sprokkelen op de velden of hout te hakken in het bos.
"Er zullen dus geen wapens meer zijn. Nergens in de wereld!"

Jeremiejáh 31:33:
Maar dit is het verbond dat ik in de toekomst met Israèl zal sluiten – spreekt de Eeuwige: Ik zal mijn wet in hun binnenste leggen en hem in hun hart schrijven. Dan zal ik hun God zijn en zij mijn volk.
"De Joden zullen de Torá kennen zonder haar te bestuderen."

Zecharjáh 8:23:
En dit zegt de Heer van de hemelse machten: Als die tijd is gekomen, zullen tien mannen uit volken met verschillende talen een Joodse man bij de slip van zijn mantel grijpen met de woorden: "Wij willen ons bij u aansluiten, want we hebben gehoord dat God bij u is."

Tsefanjáh 3:9:
*Dan zal ik de lippen van de volken rein maken,
zij zullen de naam van de Eeuwige aanroepen,
ze zullen hem dienen, zij aan zij.*

"Abbele, waarom zijn er dan toch nog mensen bang?"
"De volkeren of de Joden? De volkeren zullen best bang zijn omdat ze nu ineens als Joden moeten gaan leven. Dat is voor hen onbekend en onvertrouwd. Logisch dat ze dan bang zijn: bang voor het zware juk van de mitswót. Maar waarom zouden Joden nog bang zijn? Alleen onwetende Joden, ongeletterde Joden, zouden nog bang kunnen zijn. Een goeie Jood, eentje die elke dag TaNáCH leert, weet wel beter..."
"Abba, ik herinner me dat rabbi Sa'ádja Ga'ón gezegd heeft:
Ik God heb jullie gezegd: blaast voor mij op Rosj Hasjaná op de hoorn van een ram, opdat jullie eens de toon van Mijn grote bazuin in de hemelen mogen horen, waarop Ik voor jullie zal doen blazen. Verlossing zal Ik jullie daarmee verkondigen, jullie verstrooiden zal Ik ermee verzamelen naar Jeruzalem, zoals er geschreven staat: Op die dag zal er geblazen worden op de grote bazuin.
Maar ik heb die bazuin helemaal niet gehoord?! Heeft u hem gehoord?"
"Nee, Chajele, ik heb hem ook niet gehoord..."
"Maar wij hebben in sjoel toch met Rosj Hasjaná de sjofár geblazen? Dan hadden we nu toch Gods sjofár moeten horen?!"
"...Misschien waren we te druk om hem te horen? Misschien jammerden we te hard om hem te horen? Misschien móeten de Hemelen nog blazen: morgen of overmorgen misschien?"

De Verlosser zal regeren

Nu de Tempel vanuit de Hemelen is neergelaten, kan niemand nog ontkennen, dat de Joden al die eeuwen gelijk hadden, dat de God van Israël de Schepper is. De christenen vallen op hun knieën, de moslims werpen zich in het stof en de beelden van Boedha barsten in stukken uiteen. Uit alle volkeren in het Land komen pelgrims naar de Berg Moríe-Jah om de Enige hun trouw te zweren.

Afstammelingen van de Tempelpriesters en de Tempeldienaren verzamelen zich bij de Westelijke Muur en willen samen de berg op, maar het is onmogelijk want alle openingen in de muren worden door engelen versperd. Ongeduldige waaghalzen proberen met ladders over de muren te geraken, maar het lukt hen niet eens om van de ladders op de muren te stappen. Metatron verschijnt temidden van de Kohaniem en de Levieten en verklaart dat de Beloofde, de Langverwachte, als eerste de berg zal betreden en de Tempel zal binnengaan, tot in het Heiligste der Heiligen. Tot dan moeten allen wachten.

Voedsel is er voor iedereen in overvloed en het water blijft stromen. In de ziekenhuizen wordt genezen wie nog te redden is en wiens lijf niet meer te herstellen is, krijgt met spoed genade. De pelgrims nemen hun intrek in de lege zalen en ook in de voormalige gevangenissen.

Aan het einde van de dag trekt Metatron zich terug in een vertrek in de linkerzijde van de Tempel. Tegen zijn vorsten zegt hij: "Laat de mazzalót van Chaja-Saráh bat Dvoráh voor mij verschijnen!" Zijn vorsten brengen hem twee engelen. Metatron zegt tot hen: "Ik ontsla jullie van jullie taak want voortaan ben ik de beschermer van Chaja-Sarah" en aldus geschiedt. Daarop wacht Metatron tot de duisternis invalt.

De wijk waarin Sjlomo Toevíe-Jah zijn Huis van Samenkomst heeft, wordt uitsluitend door orthodoxe Joden bewoond. Er waren drie mensen gedood door de wrekende engelen: een onderwijzer die ooit leerlingen had misbruikt en daar naar terugverlangde; een moeder die keer op keer haar ongeboren kindjes doodde; een man die de vader van zijn kleindochter was en toen ook dat meisje weer begeerde...

De straat waarin Sjlomo en Dvorah wonen sinds hun choepá is verlaten. De straatlampen branden maar hun licht verbleekt bij het licht dat Metatron met zich draagt. Zijn licht wentelt zich in alle hoeken en laat geen schaduw in stand. Het vult ook elk gebouw en zelfs in de schuilkelders en in de kasten dringt het door: het slokt alle duisternis op. Alle bewoners van de straat openen hun ramen en deuren om te kijken van waar toch dat uitzonderlijke licht komt en zo zien zij alle tezamen witte engelen door hun straat gaan met in hun midden de in het rood geklede Vorst Metatrón! Zwak zakken zij door hun knieën maar de engelen sporen hen vriendelijk aan snel op te staan: "Joden knielen toch niet? Joden tonen hun respect juist door te staan!"

Alsof zij mensen zijn, zo lopen de engelen de trappen op tot aan het appartement van Sjlomo en Dvorah. Alle deuren van de apartementen staan open en Sjlomo staat in zijn deuropening. Zijn gezicht is bleek en zijn handen beginnen te trillen wanneer de engelen bij hem stilstaan en hem met één stem begroeten: "Jevaréechecha Elohiem, Sjlomó Toevíe-Jah ben Sjaltièl ben Pinchás! – God zegene je, zoon van Pinchás!" Sjlomo schudt zijn hoofd in verbijstering: "Het is ongelooflijk dat jullie hier zijn..." De engelen lopen door hem heen naar binnen en Metatron neemt hem bij de arm en leidt hem naar een stoel aan de eettafel. Dvórah, Chájiem, El-chanán en Chája-Saráh staan bij de verste muur met hun rug naar het raam. Zij zijn met stomheid geslagen. De engelen leiden elk van hen naar een stoel en pas wanneer zij allen gezeten zijn, spreekt Metatron:

"Ik ben Chanóch, de zoon van Járed, die de zoon was van Mahalál-el, die de zoon was van Kenán, die de zoon was van Enósj, die de zoon was van Sjeet, die de zoon was van Adám. Driehonderenvijfenzestig jaren leefde ik op Aarde en ik wandelde in nauwe verbondenheid met de Schepper. Ik stierf niet, maar werd door de Schepper opgenomen in de Hemelen en daar werd ik de schrijver van Zijn kronieken. Ik ben nu op Aarde omdat God in Zijn barmhartigheid niet zelf het vonnis over de mens wilde voltrekken. Hier in de heilige stad Jeruzalem ben ik gekomen om de herinwijding van

Het Huis voor te bereiden. Hier in deze woning ben ik gekomen om de Langverwachte bekend te maken..."

"Sjlómie...", brengt Dvorah uit en ze slaat meteen een hand voor haar mond.

"Nee!", antwoordt Sjlomo haar, "niet ik! Dat is ECHT onmogelijk!"

"Nee", zegt Metatron, "niet Sjlomo Toevíe-Jah ben Sjaltiël. Hij heeft immers gewankeld. Er is er één die niet kan liegen, die niet kan manipuleren, die geen bedoelingen verhult in beeldspraak. Een die nooit in het minst getwijfeld heeft, één die nooit gewankeld heeft. Haar geloof is zuiver, haar hart oprecht en haar goedheid volmaakt. Sta op, Chája-Saráh, en ontvang mijn zegen!"

Dvorah hapt naar adem, Sjlomo begint te huilen en El-chanán zit als verstijfd maar Chajiem Toevíe-Jah recht zijn rug en komt in opstand:

"Zoniet mijn vader dan toch zeker zijn oudste zoon? Er staat geschreven in Midrásj Tehielíem over Psalm 22: *Wee de levende die tot de doden bidt; wee de held die leunt op de zwakken; wee de ziende die de blinde om hulp vraagt; en wee de eeuw die geregeerd wordt door een vrouw!*" Chaja-Sarah valt hem bij: "Zo staat er inderdaad..." en vragend kijkt zij op naar Metatron. Met stemverheffing zegt Metatron dan:

"Wee de man die ten tijde van de verlossing terugverlangt naar oude misstanden! Je bent al door de zee en verlangt nu terug naar Egypte?! We hebben gezien hoe het de mens verging toen alle macht bij de oorlogszuchtige mannen lag... Beter zal het de Aarde vergaan terwijl vrouwen de zorg hebben! Onderwerp je aan deze vrouw, want haar ziel is onbevlekt en zo goed als zij is, zo goed zal zij doen voor jullie allen! **Onderwerp je!**"

Chajiem gaf nog niet op: "Maar de Masjieach zal toch een man zijn? Mijn vader dus, die de oudste zoon was! Of ik... En eigenlijk moet de Masjieach toch een afstammeling van koning Davíed zijn?!" Metatrons stem dondert door de kamer, door het gebouw, door de straat en door de wijk:

"**Verzet je niet tegen de wil van de Schepper. Onderwerp je!**"

Als één man buigen daarop alle aanwezigen het hoofd voor Chaja-Sarah. Ook de engelen en zelfs Metatron! "Zij moeten niet buigen voor mij!", roept Chaja-Sarah vertwijfeld naar Metatron, "Ik ben één van hen! Moeder! Vader! Ik ben jullie kind dus buig niet voor mij! Hier, ik buig voor jullie! En voor jullie, mijn broers!" Chajiem kijkt op en aarzelt of hij zal opstaan om haar plaats in te nemen, maar zijn vader bemerkt het en voorkomt het door te zeggen: "Nee, zuivere dochter, het is niet aan jou en

het is niet aan ons! De Almachtige heeft gesproken en het zal zijn zoals Hij wenst. Ik buig voor de Masjiechá: baróech bo'éech – gezegend is je komst!" De anderen zeggen hem na, ook de engelen: "Baróech bo'éech!" Dvorah huilt dan ook. Chajiem Toevie-Jah staat op en omhelst zijn zuster en zegt: "Wij zullen je nu voortaan 'Chaja-Sarah Toevíe-Jah' noemen." Metatron knikt hem goedkeurend toe: "Zo zal je naam dan zijn, Chaja-Sarah Toevíe-Jah. Zo zal Israèl je kennen." Sjlomo heft plots zijn hoofd en pakt zijn vrouw bij haar schouders: "Dvórel, weet je nog dat ik bij haar geboorte zei, dat Chajele vast en zeker de moeder zou worden van een groot nageslacht dat tot in eeuwigheid in het Land van Jisrá-eel zou wonen?" De ontroerde Dvorah veegt haar wangen droog en knikt en glimlacht: "Ja, lieve man, dat zei je." Daarop kijkt ze vragend op naar Metatron, die haar meteen antwoordt: "Jouw dochter Chaja-Sarah Toevíe-Jah zal een moeder zijn voor alle Kinderen Israèls. En ik zal met haar zijn en haar alle dagen van haar leven bijstaan."
Chaja-Sarah vraagt zich hardop af, hoe zij de Masjieach kan zijn. Of beter gezegd: de Masjiechá. Zij weet immers niets van al dat daarboven is en zij weet niet wat er voorafging aan de schepping... Zij kan niet één vraag beantwoorden. En haar vader is bovendien een kohén en dus niet uit het Huis van Davíed! Metatron zegt daarop, dat de Mesjiecha niet zomaar vragen zal beantwoorden: zij zal spreken met de woorden die God op haar tong zal leggen. Zij zal de mensheid verklaren wat de Eeuwige wenst en zij zal als enige Zijn opdrachten doorgeven. En Chaja-Sarah is de dochter van Dvorah, die de dochter van de dochter van Michal is, die de dochter van Koning Sja'óel was en de eerste vrouw van Davíed! Dan vraagt Sjlomo zijn vrouw om een glas water en Dvorah vraagt de engelen of zij ook iets te drinken willen hebben, maar deze slaan het beleefd af. Zij beginnen zacht te zingen. Sjlomo en Chajiem kijken elkaar veelbetekenend aan: een psalm! Engelen uit de Hemelen die liederen van een mens zingen! Maar wel juist van Davíed ha-Méllech!

הַלְלוּ־יָהּ הַלְלוּ, עַבְדֵי יְהֹוָה; הַלְלוּ, אֶת־שֵׁם יְהֹוָה!

Hallelóe-Jah hallelóe, avdéé Adonái, hallelóe et Sjem Adonái!

Loof God, loof, dienaren God's, en prijs de Naam van God!
Gezegend is de Naam van de Eeuwige van nu en voor altijd!

Van de opkomst van de zon tot zijn ondergang moet de Naam van de Eeuwige worden geprezen!
De Eeuwige staat hoog boven de volkeren, Zijn grootsheid staat boven de Hemelen.
Wie is er als de Eeuwige, wiens troon hoog daarboven rust, die neerkijkt op de Hemelen en de Aarde?
Hij richt de armen op uit het stof en trekt de behoeftigen overeind uit de mesthoop,
Om hen tussen prinsen te zetten, tussen de prinsen van Zijn volk.
Hij doet de onvruchtbare vrouw wonen in haar huis als een blijde moeder van kinderen!
Hallelóe-Jah!

El-chanan is losgekomen uit zijn verstijving en belt Leá: "Kom snel hierheen, zus, Chanóch-Metatrón is hier in huis met een heleboel engelen!" Na tien minuten worstelt Lea zich door de menigte in het trappenhuis en valt de woning binnen. Ze staat stil en aarzelt. De engelen gaan voor haar opzij en maken een pad vrij naar haar familie, maar Lea durft niet goed tussen hen door te lopen. El-chanan roept haar baldadig toe: "Kom maar, zus, het is goed volk!" Het hele gezin lacht en de engelen en Metatron glimlachen, en dat stelt Lea gerust en zij voegt zich bij haar ouders, haar broers en haar zusje. Dan pas hoort zij dat Chajele de Masjiechá is. Ze aanvaardt het zonder verbazing en loopt om de tafel om haar zusje te omarmen en te kussen.

Metatron heft dan zijn hand en zegt: "De Masjiechá wordt verwacht in de Tempel. En haar gezin gaat mee!" Lea knijpt de handen van haar zusje en roept haar blij toe: "Je gaat de Tempel openen! Je zult voor de Sjechiená treden!" Chaja-Sarah die alle gebeurtenissen als vanzelfsprekend pleegt te accepteren is dan toch overweldigd. Lea omvat het gezicht van haar zusje: "Je kunt dat aan, Chaja-Sarah Toevie-Jah. En Zij wacht op je!" Vader Sjlomo knikt: "Ja", zegt hij vol vuur, "De Eeuwige verwacht je in Zijn Huis. En je volk verwacht je al tientallen eeuwen elke dag. Joh, DE HELE MENSHEID VERWACHT JE!"

Twee engelen ontruimen het trappenhuis en dan daalt het hele gezelschap af. Metatron gaat Chaja-Sarah voor en dan komt moeder Dvorah, daarna Lea, Sjlomo, Chajiem en El-chanan. Engelen staan aan weerszijden van de straat en de bewoners staan voor de ramen, op balkons en in deuropeningen. Midden op de weg staat... nee: zweeft een weinig boven het asfalt... een kunstig bewerkt open gouden rijtuig met wielen van dieprood vuur. Chajiem fluistert vol ontzag: "De merkavá?" Metatron stapt in en engelen helpen Chaja en haar familieleden in te stappen. Het vuur van de wielen schroeit niet. Hemelse ruiters zetten zich voor en achter het rijtuig en de stoet zet zich in beweging. Bazuinen schallen. De verre omgeving is hel verlicht alsof het middag is. Vanaf het hoogste punt van de straat stijgen ruiters en rijtuig op en over de huizen heen gaat de reis recht naar de Oude Stad. Telkens weer schallen de bazuinen: **TROE'ÁH!** Mensen komen de straten op en kijken omhoog. Sommige schrikken maar de meesten raken diep in vervoering en roepen brachót en beginnen te zingen. "DIT is de Verlossing!" wordt door velen geroepen, "DIT is de Verlossing! De Masjieach komt! De Masjieach komt!" Lea hoort dat en fluistert grinnikend tegen Chajiem: "…Uh…er wacht hen nog een kleine verrassing…" Chajiem knikt met een strak gezicht.

De tocht verloopt verder in stilte. Eerst gaat het op het graf van voorvader Koning Davíed aan, en dan met een boog over de Joodse wijk naar de Westelijke Muur. De Tempelberg is schaduwloos verlicht. De gouden kronen op het Heiligdom glimmen en glinsteren. In de stad wordt het weer donker en vanuit alle wijken van de Oude Stad haasten mensen zich naar de Berg.
De Hemelse ruiters leiden het gouden rijtuig met de nazaten van Toevíe-Jah naar het plein voor de Muur. De brug van de Tempelberg naar de bovenstad blijkt teruggeplaatst an alle gebouwen die tegen de Muur leunden zijn verwijderd. Sjlomo en Dvorah stralen van blijdschap. Het rijtuig landt op de brug. Het plein stroomt vol met feestende Joden èn nietjoden, en met verslaggevers met cameraploegen. Engelen weerhouden de menigte ervan de brug te betreden. Metatron stapt uit en engelen helpen Chaja-Sarah en haar familie met uitstappen. Metatron neemt Chaja-Sarah bij de hand en spreekt kort met haar. In het lawaai van de feestvierders kan niemand hun verstaan. In de menigte roepen veel mensen stomverbaasd: "De Masjieach is een **VROUW**?!" Dan roepen vrouwen blij: "**JA! De Masjieach is een vrouw! Mesjíecha Mesjíecha Mesjíecha! Mesjíecha aja-ja-jaai!**"

Metatron en Chaja-Sarah lopen samen op de nog gesloten poort toe. Begeleid door engelen loopt de familie hen achterna. Voor de poort houden Metatron en Chaja-Sarah stil. Metatron zegt iets in haar oor en laat haar hand los en dan stapt de Mesjiecha naar voren en heft haar hand. De twee grote poortdeuren komen in beweging, zwenken naar binnen en helder licht stroomt door de poort naar buiten. Wie op de trappen naar het plein of op de daken van de huizen staan, kunnen zien hoe de Mesjiecha als eerste de herstelde Tempelberg betreedt en zij juichen. De menigte onder langs de brug hoort wat er boven gebeurt en juicht ook. Metatron volgt de Mesjiecha en dan, aarzelend op eerbiedige afstand, volgt haar familie.

Chaja-Sarah staat ademloos op het plein rond de Tempel. Tranen van ontroering rollen over haar wangen tot op haar lippen. Ze likt de tranen weg, maar dan zegt ze: "Nee, ik wil mijn tranen hier laten vallen" en Metatron knikt instemmend en wenkt een engel naderbij en draagt deze op:

"Hier weende de Masjiechá toen ze de Tempelberg betrad. Haar tranen zullen holten branden in deze stenen. Markeer en omhein deze plek."
Chaja-Sarah laat haar tranen vrij vallen en waar zij de stenen raken, deuken deze in. Zij veegt haar gezicht af en haalt diep adem. "Nu rechts langs de Tempel en dan via het Vrouwenhof naar binnen en vandaar links de trappen naar het Priesterhof op", zegt Metatron. "Heer", antwoordt Chaja blij, "ik weet de weg. In onze sjoel hebben we een Tsedaka-doos in deze vorm. In gedachten liep ik daar heel vaak door. Het is zo…GROOTS!... dat ik hier nu echt loop!"

Diep onder de indruk kijken Chaja en haar familie om zich heen in het Vrouwenhof. De prachtig bewerkte stenen, de spiegelgladde pilaren, de grote kamers in elke hoek! "Rechts van de trap onderzochten de kohaníem de zieken en links werd de olijfolie bewaard", doceert Sjlomo. "En in die kamer hier achter het olijfbomenhout voor het altaarvuur, toch?", vult Chajiem aan. "De poort bovenaan de trap is zo hoog!", merkt Chaja op, "Waarom is dat? Er komen hier toch geen reuzen door?" El-chanan stapt voor haar uit en bestijgt de trap. "Zo'n hoge poort maakt indruk, het maakt dat de mens zich nietig voelt voor hij de priesters zijn gaven laat offeren." Lea haakt haar arm in die van haar zusje en dringt tegen haar aan: "En nu moet je door die poort en dan het Heiligste der Heiligen in. Als eerste vrouw ooit!!" Metatron komt aan Chaja's andere zijde staan en Dvorah stapt achter haar en slaat haar armen om haar zorgenkind. Metatron zegt: "Kom, het is tijd!" Chaja gehoorzaamt en loopt naar voren en Metatron en haar vader en haar broers volgen haar. Dvorah en Lea blijven achter maar een engel maant hen mee te lopen. Dvorah schudt haar hoofd: "De vrouwen mogen maar tot hier!", zegt ze heel beslist. Lea's gezicht betrekt en de engel zegt: "Vrouwen en mannen zijn gelijk. Vrouwen mogen alles wat de mannen mogen en moeten alles wat de mannen moeten." Chaja stopt bovenaan de trap en draait zich om. Lea wil de trap op maar haar moeder aarzelt en kijkt op naar Metatron en Chaja. Metatron kijkt zwijgend terug maar Chaja steekt uitnodigend haar moeder en haar zus haar beide handen toe.

De Aartsengel en de Mesjiecha zijn met het priestergezin door de Priesterhof gelopen, om het altaar heen en de trap op en het Tempelgebouw in. In de voorkamer stopt Metatron en zegt tegen Chaja-Sarah: "Je familie mag de Kamer ook betreden, maar slechts drie stappen. Jij en ik lopen tot aan het paróchet – de voorhang." Geheel volgens het Boek staan er in de Kamer de Tafel met de Schouwbroden, het wierookaltaar en de grote gouden Menorá.

Metatron brengt Chaja-Sarah tot aan de voorhang van het Heiligste der Heiligen en wijst naar binnen. Haar hart bonkt Chaja-Sarah in de keel en ze ziet bleek en ze ademt zwaar met open mond. Dan knikt ze en zonder nog om te kijken stapt ze door het gordijn. Metatron loopt achterwaarts tot bij haar ouders, haar broers en haar zus. Hij bespeurt hun ontroering, hun opwinding en hun spanning en omarmt hen en buigt met hen het hoofd.

Buiten zien de mensen op het plein bij de Westelijke Muur van de Tempelberg, op de daken van Jeruzalem en op de omringende bergen de zuil van vuur die neerdaalde vanuit de Hemelen tot in het dak van de Tempel, zich verbreden en versterken. Na twintig eeuwen van ballingschap en vervolging, van verlatenheid en verslagenheid is nu eindelijk de Sjechiená weer volledig thuis, nu ook de Masjiechá is opgestaan! Bij iedere getuige schieten de tranen in de ogen. Een man zonder hoofddeksel zucht en zegt met trillende stem: "Hij bestaat dus wel..." De vrouw aan zijn zijde zegt met trillende stem: "Baróech sjoevééch, iema do'ègget! – Gezegend is Uw terugkeer, zorgzame Moeder!" Engelen staan bij de opgangen naar de Tempelberg en laten de Kohaniem en de Levieten toe. Verslaggevers, fotografen en televisieteams mogen na hen naar boven en dan het volk. Alle mensen willen mee, maar menigeen durft het niet en vraagt aan de anderen: "Is het niet te groot voor mij? Is het niet te veel? En ben ik het wel waard?" De engelen stellen iedereen gerust:
"**Wie nu nog in leven is, heeft dit moment verdiend!**"

Zij spreekt

Het Tempelplein stroomt vol met verwonderde en bewonderende mensen. Het is anders dan zij altijd dachten en toch is het zo vertrouwd! En het is volmaakt en splinternieuw en toch zo oud!
Het terrein direkt rond de Tempel is afgezet met een lage stenen muur: de Soréék. Engelen en Levieten bewaken daar de doorgangen. Een Aziatische vrouw vraagt een van hen begripvol: "Dit is het Binnenhof van de Israëlieten? Hier mogen alleen Joden door, hè?", maar de Leviet wuift haar door en schudt zijn hoofd blij: "God heeft gezegd 'Mijn Huis zal een huis van gebed zijn voor alle volkeren'. Wij willen alleen niet dat het hier tè druk zal worden, mevrouw!" Een blinde man met zijn hond mag ook doorlopen en zijn hond trekt hem kwispelend naar een toegang tot het Vrouwenhof. Vrouwen, kinderen en mannen lopen daar naar binnen en de ruimte raakt snel gevuld. Levieten houden de andere mensen tegen: "Als er straks weer plaats is, mogen jullie ook." De menigte reageert met blijde instemming. Mannen leggen armen over de schouders van vreemden, vrouwen omhelzen vrouwen die ze niet kennen, en kinderen doen hun ouders na. De toegangen tot het Priesterhof worden bewaakt door Levieten. Iedereen begrijpt dat daar nu eerst en vooral Kohaniem naar binnen mogen.

De voorhang van het Heiligste der Heiligen beweegt lange tijd golvend en pulserend, maar dan vertraagt de beweging geleidelijk tot het stil hangt. Lea en haar moeder kijken bezorgd op naar Metatron: hoe zou het zijn met…? Metatron gebaart hen stil af te wachten en loopt geluidloos naar voren. Hij stelt zich op naast de split in het midden van de voorhang. Kort daarna zoeken van binnenuit twee handen de opening en Metatron helpt hen door het doek een weinig opzij te trekken. Chaja-Sarah stapt uit het Heiligste der Heiligen. Haar gezicht straalt een warm licht uit en ze is volmaakt kalm. Ze draagt een kraakhelder wit kleed tot op haar blote voeten en haar haar is tot een krans gevlochten. Om haar middel is een veelkleurig geweven band geknoopt, waarvan de uiteinden langs haar rechterheup hangen.
Chaja-Sarah kijkt op naar Metatron en haalt langzaam diep adem. Dan richt zij haar ogen op de deur naar buiten en stapt voorwaarts. Haar familieleden schijnt zij niet te zien en deze gaan eerbiedig voor haar opzij. Ze loopt naar

buiten en stopt bovenaan de drie treden die omlaag leiden naar het Priesterhof. Een menigte van ontroerde Kohaniem vult het hele Hof. Op het altaar brandt het offervuur! Metatron stapt naast Chaja-Sarah en verkondigt tot de Kohaniem: "Ik ben jullie voorvader Chanoch. Ik ben Metatron de aartsengel Michaël en deze vrouw Chája-Sárah Toevíe-Jah is de Masjiechá! Maak baan voor de Masjiechá!" Een enkeling roept uit: "Dus echt een vrouw…?!" De voorsten stappen opzij en zeggen tegen degenen die achter hen staan: "Maak baan voor Chája-Sárah Toevíe-Jah: de Masjiechá! Maak baan voor de Masjiechá!" Deze roep verplaatst zich langs het altaar en door de poort naar het Vrouwenhof en wordt daar overgenomen en doorgegeven tot aan de Biemá – de verhoging in het midden. In één soepele rimpelbeweging vormt zich een pad en Metatron gaat Chaja-Sarah voor. De Kohaniem langs het pad buigen zich voor hen en de anderen volgen hun voorbeeld. Door de poort gaat het en dan staan zij stil bovenaan de zeven rondlopende treden die omlaag leiden naar het Vrouwenhof. Metatrons haar vlamt en in zijn rechterhand draagt hij een kruikje, dat hij hoog heft boven de menigte. De mensen deinzen enkele stappen terug. Camera's en microfoons zijn van alle kanten gericht op de Aartsengel en de vrouw. Metatron giet uit het kruikje zuivere olijfolie op het haar van Chaja-Sarah. Het stroomt over haar voorhoofd omlaag en Metatron roept dan uit: "Godgeschapen mens, aanschouw de Masjiechá – de Gezalfde!" en Chaja-Sarah doet een stap naar voren. Haar ogen kijken oneindig ver. Twee vrouwen roepen eenstemmig: "Een vrouwelijke Verlosser! Dit is ECHT de messiaanse tijd!" en een van hen trekt zich de hoofddoek af. Dan zegt Metatron: "De Eeuwige omarmde haar in Zijn Kamer, het Heiligste der Heiligen. De Sjechiená kleedde en kapte haar. Uit naam van de Schepper van het Al, de God van Israèl, is zij voor uw ogen gezalfd, buig nu voor de Masjiechá!" Zonder aarzeling buigen allen. Zelfs de cameramensen buigen terwijl zij proberen hun camera's gericht te houden. Terwijl iedereen gebogen staat daalt Chaja-Sarah de zeven treden af, loopt tussen de mensen door en bestijgt de Biemá. Dan richt men zich op. Chaja-Sarah vouwt haar handen voor haar buik en kijkt rond naar alle naar haar opgeheven gezichten. De stilte is absoluut. Ook buiten de Tempel op het plein is men stil en zelfs de vogels in de bomen zwijgen. De ogen van Chaja-Sarah dwalen langs de muren van de Tempel en zij draait zich om naar de poort van het Priesterhof en kijkt daaroverheen naar de gouden kronen op de Tempel en nog hoger naar de zuil van vuur die Hemelen en

Aarde verbindt. Even sluit zij haar ogen en zucht zij, maar dan spreekt de Mesjiecha haar eerste woorden en de hele schepping luistert:

"Jitgadál ve-jitkadásj..."

Een rilling loopt door de menigte: "KADDÍESJ!" Stokoude bejaarden proberen hun ruggen te rechten. De Masjiechá wacht even en spreekt dan opnieuw. Ook al spreekt zij niet heel luid - haar stem reikt door het hele Tempelcomplex, over de hele Tempelberg en tot in alle hoeken van de stad Jeruzalem:

> **Jitgadál ve-jitkadásj sjmé rába be-almá die-verá chir'oeté.**
> **Jitbarách ve-jisjtabách ve-jitpa'ár ve-jitromám ve-jitnasé ve-jithadár ve-jit'aléh ve-jithalál sjmé de-koedsjá,**
> **Beríech hoe,**
> **Le-elá min kol birchatá ve-sjieratá toesjbechatá venéchamata da-amierán be-almá, ve-imróe:..."**

De menigte in de Vrouwenhof vult plechtig aan: "**...Améén!**" en zo doen allen die deze woorden horen. Alle volkeren zitten aan radio, televisie en internet en wie van hen De Heiliging nog niet eerder hoorde, begrijpt het woord 'amen' en zegt het ook.

"Verheven en geheiligd zal Zijn Naam worden in de wereld die Hij schiep naar Zijn wil.

Geprezen, geloofd en verheerlijkt, hoogverheven, geroemd, bezongen en aanbeden zal worden de Naam van de Heilige, gezegend is Hij: boven alle lofprijzingen, liederen en gezangen en boven alle woorden van troost die in deze wereld kunnen worden uitgesproken.

En zeg hierop: Zo zij het - Améén!"

De Masjiechá laat haar blik zakken en wendt zich tot de menigte in het Vrouwenhof:
"Zo zegt de Eeuwige:

Er zal voor altijd vrede zijn en Ik heb de dood verslonden. Van elke mensenwang zal Ik voorgoed de tranen vegen. Ik ben de Enige, want wie is er zoals Ik dat hij God kan zijn? Wie is er zoals Ik verheven, heilig en machtig? Ik ben de Almachtige. Voor altijd zal Ik bij jullie zijn, nimmermeer zal Ik jullie verlaten. Verdorde landen zullen regen en dauw ontvangen, verdronken landen zal Ik heffen. Koude en hitte, duisternis en licht zal Ik in evenwicht houden en al het goede in Mijn schepping schenk Ik aan ieder van jullie: er zal gebrek noch honger zijn, want jullie zullen de Aarde en al dat er op groeit gelijkelijk delen. Er zullen geen armen meer zijn en rijken evenmin, want de armen waren beroofden en de rijken vraten zich vol aan het voedsel dat zij de armen ontstalen.

De verstokte zondaar die onverbeterlijk was en niet tot inkeer kwam, is door Mijn strijders weggevaagd. De boetvaardige heb Ik genade betoond en Ik heb hem Mijn vergiffenis geschonken en Ik heb zijn misstappen vergeven. Hij zal niet meer zondigen, niet tegen Mijn schepselen en niet tegen Mij. Ik zal in jullie midden wonen en Mijn Huis zal openstaan voor al Mijn kinderen want Ik heb hen lief. De zonen van Pinchás zullen Mij bedienen.

Zo zegt de Eeuwige, die Hemelen en Aarde heeft geschapen en in stand houdt."

Met een glimlach vol liefde kijkt Chaja-Sarah neer op de naar haar opgeheven gezichten. Wiens ogen zij inziet, begint op slag te huilen, diepgeraakt en zielsblij. Daarop weent ook de Masjiechá en zij kijkt recht in een nabije televisiecamera. Over de hele wereld voelen de toeschouwers dat zij hen persoonlijk aankijkt en ook zij beginnen te huilen wanneer de Masjiechá zegt:

"Groot is de Torá want zij geeft leven aan wie haar navolgen, zowel in deze wereld als in de Komende Wereld, die nu één wereld zijn...

De lessen van de Torá zijn een zegen voor wie hen ontvangt, en heling voor alle vlees. Genezing voor het lichaam is zij en merg voor de beenderen. Een boom van leven is zij voor wie haar omarmen, en zalig zijn zij die haar hoog houden. Een krans van genade in je haren is zij, een kroon van glorie op je hoofd.

Door de Torá na te volgen, zullen je dagen vermeerderen en je jaren ook. Lengte van dagen zal zij je schenken, een eeuwig leven en vervullende vrede zullen je deel zijn en je zult alle uren van de dag verkeren in de schaduw van Zijn beschermende vleugels. Loof de Eeuwige voor de Torá: **Hallelóe-Jah!**"

De hele mensheid is tot tranen geroerd en heeft haar woorden gehoord, en wil alleen nog maar Torá, en wereldwijd klinkt juichend:

"Hallelóe-Jah! Hallelóe-Jah!"

Na nog een lange blik in de rondte daalt de Masjiechá af van de Biemá en loopt terug naar de trappen naar het Priesterhof. De menigte wijkt eerbiedig uiteen en laat haar een breed pad, breder nog dan op haar heenweg. Velen buigen het hoofd voor haar. Terwijl zij door het Priesterhof schrijdt, loopt Metatron enkele passen achter haar. Hij draagt zijn hoofd gebogen, als een dienaar. In het hoge Tempelhuis voegt de Masjiechá zich bij haar familie. Haar moeder omhelst Chaja-Sarah en haar vader strijkt voorzichtig over haar haren. Lea zegt verwonderd: "Zusje van me, het is net of je bent gegroeid...?"

De Vereniging

In een kamer links van het Heiligste der Heiligen zitten Chaja-Sarah en Metatron tegenover elkaar aan een eenvoudige houten tafel. Een engel heeft hen ingeschonken en heeft zich daarna discreet teruggetrokken. Sjlómo Toevíe-Jah ben Sjaltièl ha-Kohén en Dvórah bat Jedíed-Jáh, Chajiem Toevíe-Jah en El-chanan Akíeva verblijven in een andere kamer en worden daar verzorgd door Hemelse bedienden. Leá Rachéél heeft de Tempelberg verlaten om naar haar man terug te keren.

Chaja-Sarah zit tegenover Metatron aan tafel. Ze steunt met haar ellebogen op het tafelblad en omklemt met beide handen haar mok met warme drank. Metatron neemt zijn mok op en drinkt. Chaja-Sarah ziet dat aan en houdt haar hoofd schuin: "Waarom zou een engel drinken?", vraagt zij verwonderd. Metatron kijkt haar aan en antwoordt: "De mens ziet alleen wat hij zien kán." Chaja-Sarah bijt zacht op haar onderlip en oppert: "Ik kan zeker niet meer naar huis, hè?" De aartsengel gebaart om zich heen: "Dit is nu je huis: je woont in het Huis van God." Chaja-Sarah knikt: "Dat vind ik heel mooi, maar dan blijven mijn ouders en mijn broers ook hier wonen." Metatron buigt zijn hoofd: "Zoals je wilt. De kamers hier zullen naar jullie behoeften worden aangepast. En verder moet de Tempel worden geleid. Voor het beheer en de bewaking is gekozen rabbi Naftalíe, de zoon van rabbi Arjé ben Zecharjáh ha-Levíe. Voor de leiding over de offerdienst benoem ik tot Hogepriester Sjlomo Toevie-Jah ben Sjaltièl ha-Kohén..." Chaja-Sarah schiet verheugd overeind: "Mijn abba zal hier ook werken!" maar meteen daarop vraagt ze angstig: "Maar wie van zijn zonen zal zijn opvolger worden? Ik wil níet dat ze zullen ruziën..." Zij kijkt de aartsengel smekend aan en deze schudt kalmerend zijn hoofd: "Zij zullen niets hebben om voor te strijden, want hun vader zal Kohén-gadól zijn en je broer Chajiem zal de Torá verklaren vanaf de Biemá. De prachtige stem van je broer El-chanan zal schallen vanaf de trappen van de Tempel. Jouw vader Sjlomo Toevie-Jah zal voor altijd de Hogepriester zijn en jij zult hem in stand houden." Chaja-Sarah glimlacht opgelucht. Ze vraagt verder: "En mijn zus Lea Racheel? En mijn moeder? Wat worden hun taken?" Metatron knikt goedkeurend: "Je zus Lea zal vruchtbaar zijn en je moeder zal jou koesteren."

"Ik ben bang, Heer, want ik ben maar een eenvoudig meisje en de wereld is groot en ingewikkeld."

"De wereld is groot maar hij is niet langer ingewikkeld, want hij kent maar één wet en één bestuurder. Er hoeven niet langer legers uitgerust te worden noch geleid, er hoeft niet langer misdaad bestreden te worden dus alle politiemannen kunnen vrijgelaten worden. Niemand zal nog ziek worden, dus alle klinieken en ziekenhuizen kunnen dicht. Regen zal vallen waar hij nodig is en wanneer hij nodig is: niet meer en niet minder dan voldoende. Er zal geen dorst meer zijn en geen honger, geen ziekte en geen dood, geen afgunst en geen oorlog. Alleen godsdiensttwisten zouden nog kunnen oplaaien, omdat niet alle mensen de Eeuwige op de juiste wijze zullen zien. Daar ligt jouw eigenlijke taak: je zult er voor zorgen dat alle mensen de juiste kennis en het juiste begrip zullen verwerven. In feite zal dat jouw enige taak zijn, want alle wereldse zaken zullen daaruitvolgend zichzelf uitstekend regelen."

"Maar ik weet natuurlijk niet genoeg omdat te kunnen doen!"

"Om te onderwijzen hoef je niet alles te weten. Het is alleen nodig, dat je de logica van de wereld begrijpt en de geest van God aanvoelt. Het is niet voor niets dat in de Hemelen jouw naam rondgezongen werd, toen de Verlossing ter sprake kwam. Jij denkt als de Eeuwige, jij voelt als de Eeuwige en zo kun jij de stem van de Eeuwige zijn."

"Maar als men mij om feiten zal vragen...? Dan val ik door de mand! U zou zelf de Masjíeach moeten zijn, want u kent de Almachtige van nabij en als bewoner van de Hemelen kent u toch vanzelf alle antwoorden op alle vragen?"

"De Gezalfde moet een mens zijn, want alleen een mens van vlees en bloed kan heersen over vlees en bloed. En vragen over de Torá en de wetten van de Eeuwige dienen te worden beantwoord door een mens van vlees en bloed, want sinds de Eeuwige de Torá schonk aan de Joden, is zij niet meer van Hem. Het Sanhedríen zal weer samenkomen en die zeventig geleerde rabbijnen zullen de Torá verklaren. Maar je hebt gelijk, in de Hemelen is alles bekend en ook je vrees werd voorzien. Daarom... wij zullen samengaan."

"Dus u laat mij hier niet alleen! O, God zij geprezen!"

"Wij zullen samengaan!"

"...Ik begrijp niet wat u daarmee bedoelt, Heer. Zullen wij samen GAAN, bedoelt u? Zullen wij samen dit werk doen?"

"Wij zullen één worden."

"...U bedoelt 'echád' als in 'jichóed'? 'Eén' als in 'vereniging'? Als man met vrouw? ...Maar dat kan toch niet?! Wij kunnen toch niet trouwen?! U bent een engel en ik ben slechts een mens en u weet toch wat er gebeurde met de Zonen van God die de vrouwen van de aarde begeerden?"

"Ja, ik weet dat. Ik heb hen gezien in hun lot. Maar ik sta boven de Zonen van God."

"...Alleen God staat boven Zijn zonen..."

"En ik sta boven de Zonen van God. Ik zal waarlijk in het midden van mijn mensenvolk wonen, maar zij zullen het niet weten. Zij zullen denken dat jij mijn stem bent, maar ik zal de geest van je geest zijn en ik zal bloeien vanuit je warme hart."

"U maakt me bang, Heer! U bent een engel maar u spreekt alsof u in opstand bent!"

"Je hoeft niet bang te zijn, Chaja-Sarah, want je zult alleen maar voller en sterker worden. Je zult mijn kennis en mijn krachten bezitten. Je zult de Aarde besturen zonder ooit verrast te worden en je zult in de Hemelen rusten van je vele werk. Je zult alle vragen kennen nog voor zij worden gesteld en elk van je antwoorden zal volledig zijn en verdere vragen overbodig maken. Je zult de Hemelen neerbrengen op Aarde en de Aarde verheffen naar de Hemelen. Je zult niet langer wachten op een man, want je zult beide geslachten in je verenigd weten."

"Nee, nee, dit kan niet!...Ik wil naar huis...Mag ik naar huis? Toe, Heer, mag ik naar huis?"

"Nee. Je bènt Thuis. Je bent het hart van de mensheid hier in het hart van de wereld en je zult het hart van God zijn. De geest van de Eeuwige zal in je wonen en al dat er te weten valt, zul je weten: van het begin dat niet was en tot het einde dat niet zal zijn. De mensheid zal in jou gezegend worden met volmaaktheid, Chaja-Saráh!"

"Ik wil naar huis... Mag ik echt niet naar huis, Heer?"

"Sta op, Chaja-Sarah, en geef me je hand. Hier, ik zegen je met mijn kus op je voorhoofd. Ga met deze engelen mee en geef je over. Zij zullen je baden en je klaarleggen en dan zal ik tot je komen. Ja, ga maar..."

"Maar Heer, daarvoor moet je toch getrouwd zijn?!"

"Chaja-Sarah, jij bent mijn bruid al sinds je geboorte. Jouw hart is mijn hart, de goedheid van je ziel is de goedheid van Toevíe-Jah: mijn goedheid die van God is. Mensen trouwen volgens de wetten van de rabbijnen maar ik ben geen mens en wij zullen ook niet het leven delen als vrouw naast man. Ik zal jij zijn en jij zult mij zijn en samen zullen wij God op Aarde zijn. Eindelijk zal ik thuiskomen in het midden van mijn priestervolk... Jij vertrouwt op mij. Toen Chanoch nog leefde op Aarde, had hij God om naar te verlangen – nu verlang Ik slechts hier te zijn. Chaja-Sarah, je zult je onschuld verliezen maar oneindige wijsheid winnen!

Stap naar voren, Ozéér mijn getrouwe. Jou schenk ik mijn zwaard: slecht door hem de poorten van de Hemelburcht en onthef de poortwachters van hun taak! Kerf een pad van de Hemelen neer tot de Tempelhof opdat ik 's avonds zal kunnen opklimmen om te rusten. Neem nu mijn rode kleed van mij aan, ik zal het niet weer dragen. Neem mijn huid en mijn haar, neem dit vlees en deze pezen en beenderen. Verbrandt hen op het altaar hierbuiten als een reukoffer aan de mensheid. Ik… Ik zal ingaan tot deze vrouw en met haar zal Ik versmelten…

Psalm 67

Voor de Leider, op snaren een lied

Moge God ons genadig zijn en ons zegenen,
Moge Hij Zijn gelaat naar ons doen schijnen,
sèlla – voor altijd.

Opdat Uw weg op Aarde bekend worden zal,
Uw redding aan alle natiën.

Laat de volkeren U danken, God, laat alle volkeren U danken!

Laat toch de volkeren blij zijn en zingen uit vreugde
want U zult de volkeren rechtvaardig oordelen,
En U zult de natiën op Aarde leiden,
Sèlla – zeker.

Moge God ons zegenen,
En laat alle uiteinden der Aarde Hem vrezen!

EINDE

Appendix

1. Woordenlijst

abba	vader / papa
abbele	jiddiesje verbuiging van abba
baróech sjmo	Gezegend is Zijn naam
bávlie	Babylonische Talmóed
beet Ha-Mikdásj	Huis der Heiligheid: de Tempel
cubit	El, Lengtemaat 52,5 cm
davíed ha-méllech	Davíed de koning
elohíem	een naam van God. Letterlijk betekent het 'goden'
gehienóm	Het voorportaal van de Hemelen, waarin zielen worden gezuiverd. Een ziel verblijft daar hooguit 12 maanden. (*In de christelijke wereld wordt hier van 'de hel' gesproken, waarin de zondaren eeuwig zullen branden*)
gojíem	de nietjoden. Letterlijk betekent het 'volkeren'
hallelóe-jah	Loof God!
havdalá	
jesjoeróen	
klal israèl	heel Israèl / de gemeenschap Israèl / het volk Israèl
	de naam van de Open Joodse Gemeente te Delft
kohén	Erfelijk priester die afstamt van Aharón de broer van Mozes, via diens kleinzoon Pinchás. Meervoud: kohaníem
kol nidré	een juridische formule die gezongen wordt bij het ingaan van Grote Verzoendag

levieten	Afstammelingen van de stam Levi: de bewakers en bewaarders van de Tempel
masjíeach	Gezalfde. De verlosser
mazzalót	beschermengelen
merkavá	Het hemelse rijtuig waarmee de profeet Elie-Jáhoe ten Hemele werd gevoerd
mitswe / mitswá	gebod / goede daad / verdienste meervoud: mitswót
Pinchás	De stamvader der Kohaníem
sanhedríen	nationale rabbinale rechtbank van 70 geleerden, orgaan dat beslisingen nam inzake de halachá – de Joodse wet

2. De spirituele hiërarchie

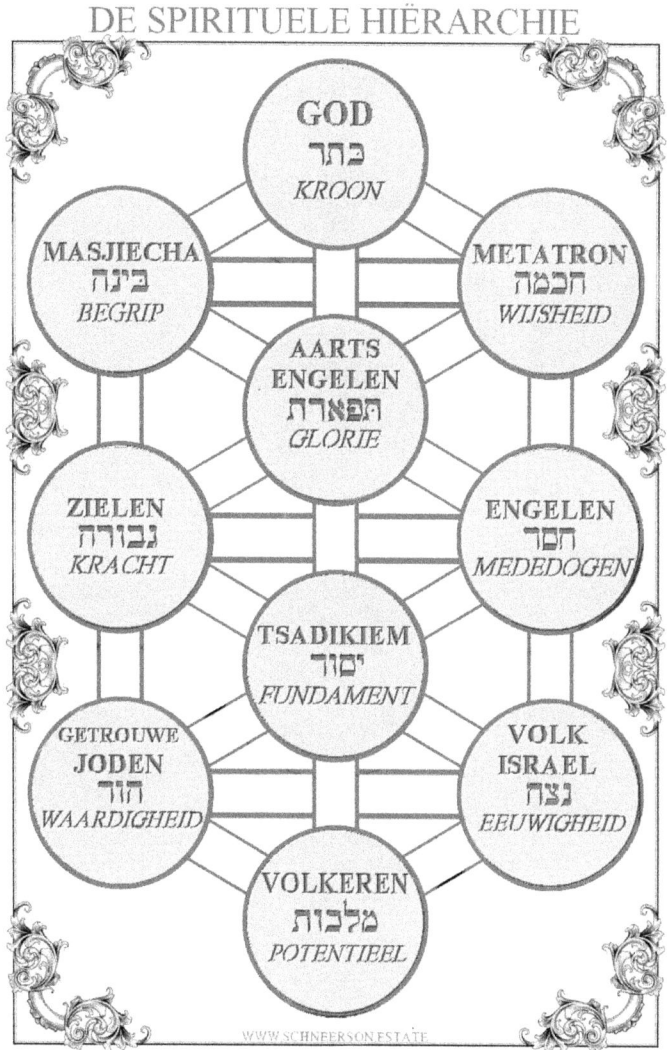

www.ingramcontent.com/pod-product-compliance
Lightning Source LLC
Chambersburg PA
CBHW061440040426
42450CB00007B/1142